歷代神仙通鑑

(二)

新刻黃掌綸先生評訂神仙鑑肴集卷之二

江夏明陽宣史徐衞述

汝南清眞覺姑李理賛

林屋玦樓秘本

○○衡山洞炎帝尋師

○○有熊國軒轅出世

是歲陽月、率民蜡祭、合聚萬物、索饗百神、以報歲成、又以赭鞭鞭擊草木、使之萌動、蜡之為言索也、以每歲終行蜡禮祭、後用赤鞭、合火德也、年不順成之旅、夏曰清祀、殷曰嘉平、周曰大蜡、禮記天子大蜡有八、一先嗇、二司嗇、三農、四郵表畷、五猫、六虎、七坊、八水庸、是時九土之國、各執方物來貢、南至交趾、南方夷人、其足兩指相交、故名、即今安南地、北至幽都、古曰幽陵、後為燕地、東至暘谷、即日出之所、西至三危、山名、在沙州、三峯峭絕若頹、莫不從化、帝既教民穀食、但力作不休、

△愛民無勞

刑天

不勝勞苦、更思節力以代其勞、觀百獸之中、牛力大而耐久、易於制伏、令以鐵爲犂、繫於牛後、一人隨而扶之、以耕鉏田地、令作員盤水車、驅牛負盤旋走、以戽水灌田、民從其教、樂而相慶、帝置五絃之琴、按宮商角徵羽五音、合五行之義、又燒土作匡空其中、以獸革蒙上、曰土鼓、以草爲椎而擊、曰蕢桴、以華作籥吹之、似笛三孔而短小、於是刑天作扶犂之樂、制豐年之咏、以薦釐來、以保太和、通其德於神明、同其和於上下、帝深感先聖之神功鴻造、欲圖報之、知太昊已葬嶓冢、女媧尚停柳城、因擇地於曲阜之西會遇發人夫、築陵、今齊寧有女媧陵、迎柩安葬、其時梠櫛無度、女

媧之柩、比常倍大、衆莫能動、帝前拜告曰、聖人不欲磨於
東乎、柳欲祔於華胥乎、靈柩不舉而動者三、（神乎、）衆驚異、帝知
其意、命衆舉之、輕若無物、上載靈輀、親護送至河之南濱
荆山下風陵堆、柩從輀中躍出、（更奇、）衆急扶之、已陷入沙磧數
尺、帝令四圍掘起、如生根蒂、帝令就地築陵、封以土石、植
以樹木、今河南閿鄉前北方有女媧陵、共工氏之民感女皇平治其
地、欲迎葬之、聞靈異若是、求女皇所佩之昆吾劍、藏於石
匣、瘞汾榮二水之間、名媧皇陵、炎帝循河回椰城、立太昊
孫休爲媧皇奉祀、取其素用之几杖、歸葬於會通之曲、補
遂之民見帝在椰城、調度疑有利、利盡遷貨財東去、乃起

從此處去還從此處來

太成子

衆攻圍、帝登城、招其爲首數人入城、令徧問百姓、少孫休出城諭足、補逐民始知帝之本心、涕泣悔謝、駕至古都子權出迎陪侍、帝步遊至東門池邊、不勝感慨、遠見一物浮至視之、乃赤松子熟卧水而、鼻息鼾鼾、帝往扶起、徐徐而揉目曰、昨蒙太成子同南嶽主人、崇覃及子之上祖、祝融君皆挈榼提壺、下降朱陵洞中、爲變吾師丹符成就、一時豪興、多飲碧瓊漿、不覺半酣、念及前約、故先辭而來、白石亦欲告歸、相扶一程、已回山演習道法、我因隨波沉睡、幸未流到別處、帝發歎曰、吾女不能少待、而自蹈奇禍、將浮海事告之、赤松曰、躁意妄求、以致於此、苟能誠心精進、終

神女心堅石也堅

一刀斬斷

○成王果然吾子亦應歸本尋源何苦久混塵俗役志勞神
也急宜自省後會非遥言罷復朦朧垂目身漸躋蹲帝欲
扶時乃一片大黃石推之不動愈以爲神是時巫咸巫陽
在旁向聞西王母有不死藥知赤松與之相識正欲求其
引見不意忽地化去二子乃夜卧石邊明旦與石俱失赤
松見其志誠領上崑崙母即收録爲徒命掌奇方丹藥炎
帝不回曲阜謂近侍曰汝等寄語后妃諸子人生如水流
到海葉落歸根吾將南遊衡嶽尋問本源勿教過慮也羣
臣大驚擁住帝候至夜分肩荷平日采藥鉏子崎嶇處將
來撐拄背衆逸去羣臣明旦起視惟遺裾履几席藤床竹

妙　妙　發明　本○尋源相應○　與歸

三

杖而已回報后妃諸子驚惶無措立長子臨魁權位臨魁即命諸大臣分路尋訪炎帝南至衡山之麓上有七十二峯十洞十五巖三十八泉二十五溪在山周行數日遇樵子牧豎問赤眞人踪跡絶無知者耐性慢尋飢摘松栢渴掬清泉一日在山陽紫石畧坐聞松林後作謌顧視乃一羽衣道童帝起問曰道兄知有赤眞人在否道童嘻嘻笑曰赤松子去尋神農來會汝來問赤眞人容言異常莫非即是帝頷之曰正不知眞人居處道童曰既欲尋眞可隨我來帝欣然相從於路問有祝融君無道童指曰山峯峻者五而祝融峯爲最位値離宮即其遊息之所帝益喜盤

巑峰相對

壽廣子

曲轉過峯頭、見赤石爲城、火雲作障、中有洞門、窅然深邃、道童先入通報、笑語之聲、步出三道者、其一則赤松子、謂帝、候君多時、何來晚也、帝曰、急切尋不出路頭、恐緊行有悞耳、（此言可味）赤松教倚鉏於洞外、携手而進、曰、此即大庭公南嶽主人也、帝覰堂殿巍焕、上立三位道長、赤松遂一指示、中乃先天一炁玄元至真、萬變老君、（可知在鬻、關之先）鬱家子先曾稱壽廣子、近更號太成子、上首即南極教主赤大真人、下首是聽鳥鳴作歌、肇開汝宗之祝融君也、帝遂趨至殿前、稽首再拜、三老扶入、叙禮依次列坐、太成曰、子享富貴者、亦慕澹泊滋味耶、帝曰、富貴有時盡、澹泊恒自如、不離塵俗、安見上

光景甚奇

總屬幻境

眞萬望明以下教赤眞人曰終是有根氣警省得早不致沉淪苦海也命童傾壺中大妙金丹與之帝起接食頓覺精神舒暢心境圓明眞人設席相待忽聞洞外一片哀聲帝驚曰深山之中何得有此惡聲赤松曰噫想是來迎喪者帝未能祝融曰欲知此事可於洞口窺之令二小童陪去帝從隙中一望乃是朝內諸臣捧藥鉏大哭共扶上車排過山隈而去帝顧問二童何意童曰或是衆人見鉏謂君已死故也帝欲啟門往問背後祝融大呼曰既脫俗塵何必復入設或果死不過如此耳帝隨入謝過赤眞人曰草木無知魂魄附之作響藥鉏既久精氣染而肖形世無

浮丘子

今之鋤柄日標蓋此

凡此景象皆衆人意

慧眼以假認真此理易明又何疑乎帝言下頓悟勘破世情自號浮丘子衆以浮丘翁稱之太成將北訪宛丘生於竹山之約真茨先自別去羣真送出洞門大庭赤松亦欲辭去浮丘曰深荷諸師長提携得聞大道知白守黑求死不得吾女未知沉沒何處更蒙援濟為恩不淺赤松曰翁女之輕生蹈海實由於我訪而度之是所願也祝融君曰少女我之裔願隨諸公一行當下四真相率而去崇覃亦回本洞且言曲阜羣臣奉命入衡山尋覓見帝僵倚岩邊鵠形骨立宛是飢斃乃相向大哭扶入車中護至鄒湖濱之山中治棺入殮帝實在位一百四十五年壽百六十有八生子十三人時覺烟雲慘淡風雨

妙

中所有故郎覡之疑心見鬼信然

帝臨魁

夙沙氏

箕文

妻迷、自後此山長若秋天景象遂名雲秋使人回報、臨魁與母后太妃諸弟齊來服喪泣祭、擇地萬陽山建陵而葬、東草爲人以爲從衛、謂之芻靈、后妃皆不欲回都、臨魁不能强、爲築室於陵側留、弟起我率四少弟奉養、後后妃殂合葬於陵旁有一泓湛然綠色、汲飲其味極佳、今酃縣有炎帝陵與長沙茶鄉相接母后命臨魁嗣爲炎帝、遂爲少弟建國於南、時東南有國曰夙沙氏、久欲叛亂、不用帝命、左右勸征之、帝曰、我不能化被也、益修厥德、羣下竊哂其懦、夙沙君欲入都於陳、其臣箕文諫之、乃殺箕文、民皆怨忿、攘臂自攻其君、夙沙君逃拒山險、懼而飢死、宗族與民乞和、相率來歸曲阜、咸服帝之德度、在位八十

帝承

帝明 帝宜 帝來 帝褢 節莖 克 戲 小帝器 帝榆罔

年崩子承立祇修自勤克紹祖武在位六十年以子明幼欲擇賢而立初神農子柱分封谷城常佐帝殖百蔬區百穀於是神農之功廣而天下殷贍後世德之祀為稷神有次子慶甲亦深明種植帝承知其賢用嗣為帝慶甲居位四十年仍歸政於明帝明在位四十九年子宜立又曰帝宜在位四十五年子來立又曰帝克一曰帝釐在位四十八年子褢立又曰帝居在位四十三年崩帝褢生子節莖節莖生克及戲皆本立而殂戲生子器是為小帝立四月殂克有子曰参盧是為榆罔衆立為帝遷都於空桑其時各國之君通號為諸侯侯者候也候帝之命令也帝榆罔為政束急務乘人而亂其提於是

六

蚩尤

蜚廉

一眞

諸侯携貳不奉號令干戈相尋各據一方自稱帝號炎帝之季太皞之後爲青帝共工之族號白帝葛天之後爲黑帝中皇之後爲黃帝有姜姓諸侯曰蚩蚘是耆卤子邛之支庶同母弟八人族孽兄弟七十三共八十一人皆獸身人語蚩蚘生得銅頭鐵額智勇過人機詐百出吞噉沙石不蒩五穀作五虛之形以害黎民少與鉅野蜚廉同師玉晨之徒一眞煉幾種法物代父爲諸侯居赤城今北京萬全其地山川盡赤產銅色如火蚩蚘好兵喜亂聚精金銷鎔作兵蚘沙爲式治而鑄之造成戎器有五兵之名一曰弩怒也其柄曰臂鉤弦曰牙牙外曰郭下曰懸刀合名曰機如

戶之樞也、二曰殳積竹爲之、長一丈二尺而無刃、三曰矛、如鋑而三廉也、有五種酋矛長二丈、夷矛長二丈四尺、激矛其頭屈曲如蛇、長一丈八尺、仇矛頭有三叉、其五即殳也、亦曰殳矛、四曰戈鈎孑戟也、如戟而橫安刃、頭向下爲鈎、五曰戟、兩邊橫刃長六寸、中刃長七寸半、橫刃接柄處長四寸半、並廣寸半、雙枝爲戟、單枝爲戈、復發葛天尊盧之山、採黃金以鑄刀劍、切玉如泥、制鎧甲、披之以禦兵刃、於是聚衆訓練、教以攻擊砍刺進退合散之法、未幾精熟、蚩尤大喜、召隣近諸侯、謂之曰、榆罔無德而居上位、我欲誅之、以令天下、有不從者先伐之、衆懼其威力、唯唯聽命、蚩蚘見人心畏服、日益放縱、兼并北方諸侯、榆罔不能制、反命之居於少顥、以爲西方諸侯之長、昔泰帝分號五方、以東曰少陽、南曰老陽、西曰少顥、北曰都幽、中曰中原、帝號太昊、蓋生西極也、顥昊同、蚩蚘得命、謂羣下曰、榆罔畏懼、命我爲西土之長、少顥僻在一隅、未若中原之盛、我將先入空桑、天下自服、遂率兵出洋水、登九淖、來攻空桑、榆罔自料不敵、與后妃臣子遯居東北涿鹿之地、蚩蚘謂衆曰

權居大位、有才智勝我者、即屈身事之、時四方諸侯、惟以強侮弱、各相侵伐、不休、有一位諸侯、應運而出、是爲五帝

疏仡紀本紀之始、即十紀之疏仡紀也、△紀者、言爲後代之紀綱也、疏以知遠、仡以審斷仁義

疏仡紀△△△

有熊國君啟昆

附寶

一云感電繞斗軒而娠故名爲軒史記外紀作軒轅非也

公孫軒轅

道德之所用也、自此以訖於周、初神農之同母弟勗其嗣少典國君世爲諸侯、後以公孫爲姓、九傳至啟昆、北遷於能熊、新鄭、分開封因改國曰有熊、啟昆爲人剛徤中正其妃曰附寶、一曰符葆、德性幽閑、有熊君出遊必與偕行、嘗南至衡山拜炎帝之陵復訪古聖之蹟、聞太昊陵在嶓冢、同附寶往謁是春至祁野、一夕見中天一道金色電光旋繞於北斗樞星之旁、見者皆以爲祥、有熊君與附寶歸寢即有身、秦州亦有軒轅丘是見電光處、懷二十有四月紫氣充房誕於有熊國之南隅古軒轅之丘、今在新鄭一名壽丘、遂號曰軒轅名伯荼時有景雲之瑞、生而日角龍顏、神變靈異、弱而能言、幼而徇齊、長而敦敏、成而聰明知

常先　大鴻　太常　奢比　庸光　勾龍　后土　大封

中子高幽明生死之故、衆識爲聖、其中弟子高幼亦靈濬、無矜已
傲物之心、有遺世獨立之志、啟昆去世、軒轅年十二即嗣
位、因長於姬水之上、更姓爲姬、時炎帝避於涿鹿、蚩尤肆
惡、諸侯相侵、生民塗炭、軒轅乃教民習用干戈、以征不軌、
時西華人常先（一曰恒先）、號知命、毅阪人大鴻、號窺紀、天中人
太常（一曰桓常）、號地典、來歸、又得太昊時蒼龍之後曰奢比、祝
融十一世孫曰庸光、共工氏之裔子曰勾龍、神農後曰后
土、號鳩冶、昆吾後曰大封、諸人以用、軒轅乃修德治兵、教
民識五系而樹藝五穀、立丘井之制、井分四道、八家處之、
開方有九、五爲陣法、四爲閒地、大將居中、寓兵於農、有事

則戰無事則耕、任賢撫民、國中大治、諸侯見軒轅威德並濟神化宜民、蚩蚘愈自貪暴、衆心不附、乃以板作書於上、遺蚩蚘曰、

子自居尊位、謂天下莫予若、今有熊君天縱叡聖、實堪厥德、兆民允賴、子宜無更自傲、共降心以臣之、

蚩尤大怒、奈左右止、宗人百輩恐不能敵、亦書檢以答曰、

曩攝位以揄罔不德、故天旣生大賢臣、庶成若予罔敢自貳、越三日謹以衆歸、

諸侯得檢、報知軒轅、軒轅曰、予以誠信待人、彼旣來歸、黎民之幸、至期親率羣臣郊迎、至日中果見一簇人衆蜂擁

而至當先一人、俯伏於地、軒轅令扶起、視之鐵面赤髮、目
黃額、突貌實兇惡、握手慰勞、正是惟憑仁義、專伏兇頑、
女媧墜海、不化爲魚而化爲鳥、到底飛昇有望、
神農嘗百藥、作方書以救病、即後聖閑人情制禮法以、
治世之心也○、
赤松此來、單提南嶽丹成、專爲接引炎帝、非是來說閑
話也、臨去數語、更是可味、
遍嘗百藥、而赤松來度、真是苦盡甘來○、棄却羣臣、而中
夜潛逃、可稱斬釘截鐵○
衡嶽尋師、崎嶇遍跋、堅心精進、學者咸當如是○

○○風后演握機陣法　○○飛廉招水火魔君

蚩尤遜謝、仰視軒轅、端莊嚴肅、氣象儼若、心亦悚然、同入城中、軒轅待以賓禮、初蚩尤學於一眞門下、鍊制法物、一眞見其殺機萌動、奸險不仁、謂之曰、此皆有為之法、不足恃者、若再傳汝、必為大禍於天下矣、遂逆而不授、蚩尤已竊知一二、乃取先天純陰之炁、鍊成一物、名霧母、廣二尺二、長八尺、能舒能捲、狀如帘幙、又名霧幙、此物輾開、似炊爨之氣、騰騰噴出、若輾盡時、瀰漫天地、對面不能見人、捲起則漸復清明、能應時測候、為諸陰之先兆、凡遇春天暑輾尺餘、每朝迷黑、蚩尤即謂軒轅曰、二三日後當雨、至期運應、晏時輾動霧毋、又曰霧作幾日、將大炎熱、秋天有霧、則曰幾日後涼風當發、冬霧則曰必降大雪、所言皆驗、軒轅欲以爲神、蚩尤以爲無有識者、欲遲舊性、奈遇之甚厚、軒轅以蚩尤明乎天道、乃尊爲當時、如後世之天官冢宰、以太常曾唐四方、能察地理、用爲禀者、是爲地官即户部、軒轅知天下之大、非一人所治、乃以奢比辨東方、爲土師、後爲工部監督營造、庸光辨南方、爲司徒、後爲禮部敎民倫序、大封辨西方爲司馬、後爲兵部總方征伐、后土辨北方、爲司李、後爲刑部法官、明戮罰事、軒轅處中央、以正四國、蚩尤以上相自居、雖有異心、兵權不能入手、適報者言揄罔不道侵虐北方諸侯、蚩尤乘機進曰、揄罔不識天時、恣行無道若不除之海內焉能寧一諸侯齊曰上相果能爲民除暴願從指揮軒轅曰彼雖不德終是君長造次興兵招悖逆之名矣蚩尤曰無德讓有德理所當然即拜別軒轅率兵渡河北去軒轅見勢不可遏慮諸侯兵衆執而傷之乃與諸臣宗族亦進榆罔聞兵至率衆屯於阪泉之野即蒲阪在媯州戎縣東五十六里北與涿水合後改名黃帝泉上設黃帝祠奉祭蚩尤從陣突出曰恕汝不殺仍欲取死耶腰間取小銅牌連擊忽陰雲四合無數熊羆貔貅蛇蟲虎豹跳躍咆哮撗衝而至榆罔兵驚慌敗走此蚩尤鍊就聚獸牌扣之則百蟲聽命魑魅爲之驅也諸侯乘勢來追榆罔入涿鹿土城堅閉軒轅闘勝恐

其鹵莽行事，急領親隨至城下，大呼請帝相見，城上木石拋下，只得暫退。當夜蚩尤四面攻之，攀緣而入，殺散從兵，擒住榆罔，開門獻至大寨。蚩尤叱衆斬之，軒轅命降從於潞水，（即神農嘗百谷處。）聚宗族以居，使主炎帝之祀。（榆罔時年七旬，在位五十五年，自神農至此，傳八世，共年五百六十六而亡。）蚩尤怒曰：我凡三戰而得，一旦奪之，而樹己之德，我實不能為之臣也。聚衆外屯，誘諸侯至寨，盡坑之。襲併其兵，乘夜圍涿鹿，守者入報。蚩尤造反，軒轅上城，四望火光燭天，喊聲震地。蚩尤在壕邊指揮軍衆。軒轅遥謂曰：予實不才，未嘗少慢，上相何故如此？蚩尤曰：才智兼優者，猶必諮問於下，予每進善言，故違不用，今

人封胡
人張若
人隰朋
人容茙
人龍行
人大撓

與汝軒量才力以定大位有敢戰者速出令衆攻城軒轅用封胡爲將以張若隰朋容茙龍行大撓奢比爲副出城對陣未及合戰蚩尤軍利刃長戟又有大弩連射一時砂石飛走不能當抵望南敗走至大雄山屯駐蚩尤得勝回軍先至阪山西南築城建都然後興兵追殺軒轅退居大雄巍頹憂思恍惚間如蚩尤追至塵垢蔽目烟霧障天忽起一陣大風將塵垢盡皆括去遠見一偉人手執千鈞之弩驅牛羊數萬羣軒轅寤曰風爲號令力政者也垢爲塵土土去而后在也天下或有姓風名后者乎執千鈞弩異力也驅畜萬羣能牧也豈有力牧者乎於是依二占遺人

風后

稽

(十)力牧

四求其時果有風后者號封鉅係太昊之後生於蒲阪首陽之東僻地少有大志學於玄女玄女修道於中條山此山綿亘甚遠上有二洞玄女居其一對洞多桃花風后在内修煉玄女以其有治世才遣其下山立功風后拜辭仍隱於古都之西靈嵒洞中炎帝聞其賢遣使訪之已遷於東海之隅常行吟沙上世不之識時軒轅遍訪至海濱見其異常詢之果是風后衆皆喜躍求其同至大雄軒轅率諸臣迎觀其威儀出衆叩其所學即登以爲相風后三辭衆勸曰賢才不援天下如蒼生何風后乃不復辭西南二處訪得知勇之士數人内有名稽者聞二占有力牧之名

太山　岐伯　沮誦　羲和　尚儀　車區　隸首　甯封子　赤將子輿　泠倫　離婁

謂使者曰、大澤中果有姓力名牧者、引衆往見、其人坐於草堂、觀玩方策、聞客至、曳革履出迎、生得方面員睛、熊腰虎項、告以欲破蚩尤夢占求訪之故、力牧慨然便行、軒轅延入宛、是夢中所見偉人、遂以爲將、呼爲神墨、又曰力墨以其面黑而智勇通於神也、又得琅琊人太山、號天老、雲夢人稽、號五聖、北地人岐伯、伊祁氏之後、居於岐下故名、或謂其趾有岐、厲山人沮誦、號赤誦、更有羲和、尚儀、車區、隸首、甯封子、赤將子輿、泠倫、離婁、滎猨、大容、邑夷、揮夷、牟共、鼓化、狐、諸人、皆身通百藝、學究天人、風后同力牧登大雄山頂、遍視大寨、見軍士紛紜、坐作無節、歎曰、雖有甲兵、終爲烏合、退謂軒轅曰、夫治兵者

△隊伍　△大容　△邑夷　△揮　△夷牟　△兵鼓　△化狐

必先明紀律、分隊伍、則閫外肅清、建旗鼓爲軍中耳目、方可應敵、乃進兵法十三策陣圖三策孤虛十策力牧亦進兵法十五策、教以弧矢之利、其始惟弦木爲弧剡木爲矢、揮復精其制、積六材而成弓、乃幹角筋膠絲漆也、弓之末曰簫、又謂之彌、以骨飾之、中曰弣、弣撫也、人所撫持也、簫彌之中、曰淵、淵宛也、言宛曲也、纏絲爲弦、張於兩彌、又命夷牟作矢、亦曰箭、以小竹作幹、長三尺一寸、膠翎爲羽、鍊金爲鏃、射之可貫肢體、以威天下、岐伯乃燒土爲匡、以革冡兩面爲鼓、擊之、以進兵、截竹作笛籥、令人鼓吹、爲軍中之樂、又鎔金爲鐃、以止鼓、一名小鉦、如鈴無舌有秉、軍法卒長執鐃作金鐲以節鼓似鐘而小通謂之神鉦又斵牛角吹之以集軍衆作捒勿之揃曰鞞沮誦能法穗書用爲書正便於行文録事又命甯封子爲陶正合土作缶甑盆鉢之類以赤將子輿爲木正作牀凳箱桶之屬以利器用先是皆用桴筏以濟不通共鼓見竅木可以浮水而渡即刳木爲舟化狐一名貨狄見魚尾畫水而游乃剡木爲楫以行舟邑夷又法斗之周旋魁方杓直以攜龍角作大輅以乘坐任載更有王氷作大車之輗轅端横木縛軛以駕牛乘雅造小車之軏轅端上曲鈎衡以駕馬寒哀又作鞭轡馳騁之法由是車制始備服牛乘馬引重致遠以行四

方、而往來利用矣、又作䡸軿、小車輕捷、可疾行於軍中、軒轅見器用稍具、乃問行師戰陣之道於風后、風后對曰、伏羲氏分演八卦、重之得六十四卦、以一卦當天之一星、仰觀積卒之宿、而知五營九軍之數、布四坎於中、以爲貞、布八坤於外、以爲悔、坤者順也、坎者險也、不可測也、積爻三十有二、環八方而相涵、營在其中矣、或靜或動、奇正有在也、一陽居中而用事、內外三十二陰、皆爲所率、將在其中矣、南爲先鋒、北爲後遊、東爲左翼、西爲右翼、東南爲前軍、西南爲右軍、東北爲左軍、西北爲後軍、陣在其中矣、初爻爲殿、二爻爲中、三爻爲戎、四爻爲駐、五爻爲前、六爻爲先

鋒者利器之芒也

悉

鋒萃在其中矣內外相維大小相包四面如一觸處爲首節制在其中矣行師之理悉備於此軒轅大悟曰所謂作卦象者以通神明之德以類萬物之情於以知師爲直將爲明兵爲和陣爲武仁義節制兩者備矣風后遂定其制以五人爲伍五伍爲隊五百人爲旅二千五百人爲師萬二千五百人爲軍九軍爲一部因軒轅九軍之法以乾坤艮巽爲四間地爲天地風雲四正以水火金木爲龍虎鳥蛇四奇天覆於上地載於下衝抗於外軸布於內風飈於天雲垂於地前衝爲虎翼後衝爲龍飛風爲蛇蟠雲爲鳥翔四隅四正各一軍中心零者大將居之名曰握奇陣內

藏三才五行八門九地之理、五行者、實其中央四隅以習軍、虛其前後左右四方以立表、西北象水、東南象火、西南象金、東北象木、中央象土也、三才者、前後左右各出一軍以突戰、前一軍象天、後一軍象地、左右一軍以象人、五者九軍之正、三者九軍之奇也、八卦九宮四隅四正中央九軍之形質也、其制陣之法、或六十步、或六百步、或千二百步、以爲開方之形、其機形生用、用生變、至於變而不可以形測、不可以用拘、前可爲後、後可爲前、正可爲奇、奇可爲正、奇正相生、首尾相應、如循環之無窮也、故又曰握機之陣、軒轅悉聽其調度、風后又以虎皮繳方畫熊爲旗垂五斿至肩、以象罰星、一隊中建之、加守旗三人、五伍之人集、其下旗者、與衆以為期也、又以熊皮畫交龍爲旂、垂七斿、至轂、旂末有鈴、一旅中建之、爲二十隊之標識、皆斬竹爲竿、以置旌旗於上、又以皂雕羽綴項下、以犛牛尾結毬大如斗、垂豹尾作幢、各按方定色、東青西白南赤北黑中黃、染犛尾別之、名曰犛羽幢、又名大皂旂、總名曰纛、爲一軍之導也、下垂九斿、有鈴、凡軍百隊爲師、五師爲一軍、八軍各設一大將統之、一軍建一纛於中、繫左騑馬軏上、大將執令旗指麾、其下命一上將居中軍、總董諸軍、發施政令、中建九仞青旌、析鳥羽爲之、以巨木作杆、杆頭綴以犛牛尾下垂十二斿至地有鈴畫青雀於旌上舉以示衆上將號令一出諸軍聽而遵行如心之用身身之使臂臂之使指也軍行之際以牛革為帳幔遮蔽風雨各軍所營晝則認旗號夜則觀燈火於是陣法完密軍勢萬全力牧又令取精鐵九煉而成純鋼雜以五金遣冶工於河濱鑄成兵器及前所有共一十八般

刀鎗劍戟鞭簡撾錘斧鉞鎌杴干戈杈棒弓弩

分授諸軍使用操演精熟以便臨期應敵軒轅見陣法軍器已備遂問將於風后風后曰九軍命繫於一將不可不慎力牧有上將材可當此任軒轅命即築壇於大雄之左

十周昌

堂堂之陣其如邪術何

小雄山齋戒七月迎請力牧登壇拜爲上將周昌帽之拜風后爲總師封胡爲丞車區爲相導容莢爲司馬力牧遂發號令以太常爲先鋒泰山督前軍稽督後軍爲司徒大鴻居右恒先居左爲司空復徵諸侯兵爲遊兵二十四陣起大軍二十餘萬選腥齋日期宰烏牛白馬祭告天地山川百神然後出師衍握機以爲式設五奇五麾六纛以制其軍力牧在中軍黃纛下指麾軍衆申明鼓進金退之規角屯旗舉之節有功必賞有罪必罰之條號令嚴明軍容整肅軒轅與風后在後營率諸侯軍齊奔涿鹿之野蚩尤自敗軒轅因天氣炎熱回軍休養先去南祁山要結蚩廉

異三

物以類聚

冰夷

同祿

玄冥大人

爲訪蜚廉生得鹿形蛇尾爵頭牟角與蚩尤同師一眞道人迸居南祁見對山之石每遇風雨則飛起似燕天晴安伏如故怪而覘之夜半見一物大如囊豹文而無足向地吸氣二口噴出狂風驟發石燕紛飛永州祁陽有風伯之山蜚廉大叱一聲其物如風而去廉步如飛禽乃追而擒之名之曰異二是爲風母能掌八風消息通五運之氣候蜚廉闚呼即至又舉冰夷同祿二人蚩尤亦遣人聘之冰夷一名馮夷人面蛇身潼鄉隄首人嘗入華陰服八石得凌波泛水之道北居陽汙陵門之山與蜚廉互相講術初探從極之淵深入三百仞師玄冥大人學混沌之法起而見有神鳥

吸水灑空旋化爲雨、氷夷乃置食水濵時時招引習熟爲伴可置懷袖名曰商羊是鳥生於有巢氏時採雨露之精能大能小吸則渤海可枯施則高原可沒回祿乃炎帝子不浩之後步錬升降飛騰之術遊章莪之山有鳥曰畢方狀如鵻青質赤文玄領白喙呼氣爲烟着木則焚回祿異之踪其穴有雛百頭似鵶而赤色乃悉置之七小壺中用一大壺置穴中張口向外畢方歸指爲穴步入其中回祿急掩其口日飼以食久而馴然放去復還後帶衆雛同入大壺亦不爲窄回祿負遊山海時與氷夷同見蚩尤共道相慕商議起兵忽報軒轅兵至蚩尤笑曰忽夫自求絕命

回祿曰初來願效微勞蚩成曰無煩大力且坐城頭觀之
即驅魑魅雜祆出城為陣饒他魔力漫天障護守中宮自
主持

蚩尤輩好亂不止只為幾件法物作祟耳學者凡有作
祟之物在胸須亟去之勿為所累

軒轅憑夢而得將相以成大功後世之人因而皆學做
夢矣第恐好夢少惡夢多耳

觀握機之佈置瞭如指掌風后當日制陣精神全身皆
現仙史非熟諳兵機者烏能詳悉如是此處畧見一班

蚩尤本事、從自平常、

○○一中條玄女除龐　○○上昆侖精衛歸道

見軒轅營中旌旗遍插、鼓角齊鳴、營外干戈森列、蚩尤大吼、逕衝前陣、營門開處、先鋒太常接戰、不一時、望陣後退去、蚩尤亦從中軍殺入、前軍太山抵住、畧戰、亦緣陣而去、蚩尤仍進、忽中軍鼓聲大震、左常先右大鴻夾攻、蚩尤敵住二將、上將力牧、親臨太山、從後殺回、將蚩尤困住、力牧大喝、魍魎還不愛死、挺戟從頂門劈下、蚩尤額上火光迸出、慌欲退時、四面圍住、衝突不出、忽大雨如注、衆軍衣甲盡濕、蚩尤乘空逃脫、力牧鳴金收軍、太常在營外戮殺敗軍、奪取器械、回營報功、蚩尤敗回、不勝恚氣、殺怪物　尉曰今

目之欬輕敵所致蚩尤曰若非此雨幾爲所困來夷徵笑
不言蜚廉曰此皆氷兄妙用也原來氷夷見蚩尤被困即
商羊之力
縱商羊吸濟水下噴乃有此雨蜚廉備述其故蚩尤感謝
不已回祿攘臂曰明日弟當臨陣蜚廉兄助以吹噓可一
戰而勝也蚩尤曰且勿煩道友費心劣弟別有處置管教
殺彼盡絕出此惡氣乃令軍士將雉尾作幡如彗爲寨中
記號天有星類彗後曲如旗其色上黃下白長與天等乃
太白之精現則國有兵起後名蚩尤旂畫形於旗上
以壓邪魅是夜蚩尤將霧母鞭開布一天大霧軒轅營中昏如
好利害
長夜約至晡後漫不見日數步內如隔重山一營惟離婁
能辨察幽暗其目最明望見軍士迷亂急馳入報知軒轅

與風后力牧商之風后令燃火炬檢點力牧令各認旗號、扎定不得妄動蚩尤探聽隊伍整齊不敢襲擊回祿進曰令效微勞可乎蜚廉曰願助一臂二人輕身出城回祿將壺口揭開連泊畢方母鳥領火鴉百頭飛往各軍旗幔呼氣生烟旋成烈火蜚廉將風母向東南吹之一時火趁風威旌旗帳幔盡皆燒毀衣甲鬚眉無不燎去駐足不定東西亂竄蜚廉回祿報與蚩尤即領軍轉出八達嶺陳於中冀幽黎之谷取聚獸銅牌擊動無數惡毒之物將衆遊兵蹂躪嚙觸血流遍野但不敢逼近大寨只是霧鎖長空雨淋[illegible]地風火交侵如此三日軍心惶懼軒轅乃齋戒以高

壇祀天、方丘禮地、求神明呵護、不覺憂思昏寐、見一人披（又一夢）
玄狐之衣、謂軒轅曰、吾奉王母命、以神符授子、佩此則太
一在前、天一在後、百邪遠避、戰必克矣、言畢而去、軒轅拜
謝忽寤、得符於几、廣三寸、長一尺、青瑩如玉、丹血為文、即
佩於肘後、居數日、大霧冥冥如故、惟水火不見侵入、然恐（符之驗也）（來得好）
蚩尤兵至、十分危廹、忽一綫天光、有玄道乘丹鳳、御景雲
服九色彩翠之衣、率徒衆自空而下、從營外直人所行處
劃然清朗、高立大呼、風后快來報入中軍、風后曰、吾師至
矣、請軒轅同出、果是玄女、後隨二十二徒、風后拜見軒轅
亦拜、玄女扶謂曰、我九天玄女也、蚩尤肆虐、毒害蒸黎、子

四巧工倕

能討惡吾師聖母元君命我授子以三官一作五意陰陽之書太一遁甲六壬步斗之術陰符之機靈寶五符五勝之文佐爾成此大功即令弟子付與軒轅拜領分授臣下司執各陳説大霧水火之害玄女曰惡黨猶在生靈塗炭實爲可憫遂命傳工正於四輪車上豎一方木板長七尺濶六尺畫日月山河形推於軍前雖有大風不能爲害矣名曰屏風車屏風蓋始於此風后即教巧工倕造成五百輛列於營外風魔果過忽各軍來訴陣雨烈火之苦玄女曰毋懼舉頭見濃霧中有鳥百餘或火或雨都隨二大鳥麾遣玄女點頭曰原來二物作祟口中吐出二九於掌上如白鉛

可爲仙眞
無傷生之
心

玄女魃

軒轅一會
制作皆遵
功於玄女
矣

鎔就須臾迸爲道寒光如銀蛇兩條直飛上去一截去畢方右足一截去商羊左足不傷其命二鳥負痛逃回衆鳥隨去玄女手招二蛇攝神光落於掌上依然兩鉛丸也此玄女所鍊雌雄二劍能伸能縮變化無窮此時火燄已滅借此帶玄女南熱尚未能止玄女復呼女魃且來南方飛下蓬頭矮女長二三尺祖身而目在頂上走行如風令立地雨止玄女命二十二徒分巡各營撫慰鎮壓衆見儀容奇偉身發光華皆稱神人來助心安膽壯玄女更命造指南車以破敵軒轅拜請其法玄女曰車上設一木人伸手直指下安機括車雖旋轉木人手指定對南方觀之則所向不惑矣

（又）應龍

更宜大鼓於後擊之便可進兵軒轅命邑夷依法造車既成玄女曰蚩尤銅頭鐵額非力士所能獲必得南極應龍方可擒之應龍乃火之精居幽犂土丘山中生於五龍氏之先兩脇有翼飛冲九天玄女將竹篆符焚之其烟縷望南騰去少頃一龍循烟路飛來玄女令止於旗杆聽用更議一人為前導正論間報營外有二道人見風后迎入道者曰遨遊東海見飛龍在天疾馳若奉令旨吾故以杖化赤虯祝師呼雙龍為馭偕來玄女告其由二道欣然出營玄女呼應龍暗囑即騰空飛起二道招坐騎乘之一齊飛去風后傳令衆將統軍隨後進戰軒轅問二道何人能御

虬龍飛行空際，玄女曰，是南極赤眞人之徒，一號赤松子，子是子之始祖，祝融君也，軒轅驚曰，凡愚當面不識，莫罪多矣，回當拜謝，玄女曰，二子素性高潔，事畢便去，軒轅慎海無已，蚩尤在營商議攻襲，驀見飛龍舞身張鬣而下，蚩尤不及避，被應龍舒爪擒住，仍復飛回，蜚廉驚慌，提風囊出後營，望南奔去，只是脚快 水吏回禄聽前營發喊，仗劍來看，恰遇二人乘蚪同虬龍騰躍而至，回禄向壺中呼出獨足畢方，并衆火烏撲面飛來，赤松大笑，遥撞入火中，追奔回禄，金剛鐲平 方欲躲避，祝師於臂上脫下一物，乃將黃金用離火之精鍊就，可以降魔護道，神變逕靈，向空擲去，將回禄套住，倒地亂

雨師之物
火師之徒
蓐收
禺彊
句芒
只為精衛故送至發

滾水夷見法力廣大急借水遁回從極之淵商羊失主正待飛去赤松曰此物後有用處將水瓢拋去皁收於囊內○祿吽曰幸大師宥我願隨驅使赤松謂祝融曰既能改過便入正道不必窮究也祝融遂併鐲收之為徒教收畢方衆鳥入壺謂赤松曰吾聞西方有神曰蓐收一名巨乘人面虎爪白毛執鉞左耳有蛇北有禺彊一曰玄冥人面鳥身偏體深黑珥踐四青蛇東有勾芒一名阿明方面素服身畧似鳥此三神者皆能乘雙龍出遊人間誓清海甸與我同志將遊四極訪之不能久侍奈何赤松曰願送一程遂並騎前行回祿後隨行至發鳩山祝師辭別而去赤松

鳴山耳莫言事有湊巧還是史筆之奇

欲回聞腦後連聲曰、吾師今日方來也、赤松回視、一大鳥涕泗交流、跳舞而訴曰、妄意躁求、致溺海化形、望吾師始終成就、得脫苦濤、赤松曰、子之沉溺自取、尚欲啣木石塡海、嗔癡之念未除、何能便脫羽毛、日引汝入瑤池、滌去舊（始願得遂矣）汚、方可求度、精衛喜躍、赤松令附於虬尾、至崑崙白玉臺下、虬步入珠宮、適西母同侍女背立藥欄邊、選紫芝作餌、赤松隔檻曰、老母自在、弟子送一徒於此、王母招過作禮、令坐石磴、問之、赤松具道本末、精衛俯身垂翼、啄地如叩（蟠桃伏筆）首狀、王母曰、從山後採芝、見玄圃桃花大開、丹額可愛、奈有蟲鳥啄蝕、且令其巡守花間、與俗慮消除、脫露本來面

霧母已歸玄女、

可名斬邪劍、

目精衛復向赤松繞行三匝而去、王母留赤松同食紫芝畢、辭謝出宮、跨赤虬南去、再言軒轅營中、半空忽摔下一人、衆視是蚩尤、鮮血淋漓、昏倒於地、手中緊握霧母、玄女卷而收之、頃刻霧歛天清、風后呼力士以牛筋縛住、力欲催軍進戰、蚩尤軍不戰而潰、蓋三十有七戰也、軒轅令鳴鉦收軍、勿教多殺、以堅木爲梏、以械蚩尤之手、爲桎以械其足、囚至中冀之野、告諸天地、令自跽於高原、戮之、及鈇不能入、玄女吐飛劍、如一縷白烝、繞其頸、蚩尤頭即墜地、血冒四布、滴入水味、通變爲鹹、陝西慶陽府城有二鹽池、寧夏亦有大小二池、山丹衛有紅鹽池、皆其血所化、因其爲亂害民、故令萬世食其血、脫蚩尤桎梏棄於朱山後

[illegible]生陰死
一張

龍苗

化爲楓樹其葉皆丹軒轅謂羣臣曰駑馬御之以鞭騂馬御之以轡蚩尤猶騂馬也騂馬已亡轡可絕矣更中冀之鄉爲絕轡五野命葬其首於梁山在壽張闞鄉城中冢高七丈民常十月祀之有赤炁出如匹絳名蚩尤旂別葬其肩髀於大野今山野鉅重聚大小與闞冢等其後黨與未盡欲復興亂蚩尤軒轅子龍苗乃圖蚩尤形像遠示衆人咸謂其不死不敢妄動軒轅命畫於旗上以壓邪魅是名蚩尤旗後世以龍苗爲[illegible]之相當時尊玄女爲天姥軒轅問曰天地所生豈有食之令人不死者乎天姥曰太陽之草名曰黃精餌之可以長生太陰之草名曰鉤吻食之可以死人遠伏遂辭回中條謂風后曰子且留輔聖明遇咒新時便可

素女

離

叔均

要知房中術不是後世採戰邪說、

回山授陰符一卷、於軒轅內藏兵機玄妙、臨行留侍者素
女以事軒轅、自領眾徒出營、望空招雲、輧翠幄升坐丹鳳
飛鳴前導、彩雲繚繞、投西而去、却忘帶去女魃、自此凡所
居之處、累年不雨、謂之旱魃、一名旱母、其後生子名離、狀如梟、
人面四目有耳、見則大旱、軒轅遠置於赤城之北、時或南
來、乃以子叔均為主田之官、見而逐之、自天姥去後、軒轅
如有所失、愈崇禮風后、復想夢兆之驗、乃著占夢經十一
卷、又採集用兵之要、著為兵法、素女善房中之術、教以握
固吸氣、還精補腦、軒轅依法行之、內視三月、而有益、但政
治初創、未能措手、於是更立制度、修緝未備、天下有不順

鳳不濟　是為田祖

盜蹠 山戎 獯允 葷粥 獫狁

者從而征之悉皆歸服披山通道未嘗寧處居則以軍師爲營衛圜車作戶今稱轅門蓋由此是年遂邑於涿鹿之阿時有大盜名蹠日殺不辜膾人之肝而餔之逃附山戎連誑獯允葷粥諸種常入中國侵擾軒轅起兵逐之極北不復爲害北之黑山水甘草茂中有大獸如獅食人畜無餍居民晝夜惶恐名之曰獫狁軒轅領衆往捕縱火焚林此獸奔出軍士以箭圜射頃刻斃之民無憂恐之疾後曰無恙爲此軒轅還至依無慮山其土肥饒居民依之飢饉無慮故名即古之醫無閭軒轅登山見一物似人約長尺餘朱衣玄冠提鞭跨馬如相迓之狀疾馳上山而去軒轅述所見於羣臣

俞兒

夔

恒先對曰聞北方有登山之神名俞兒遇之者君主天下
軒轅東踰首山時天炎口燥覓水解渴山隙有石如掌忽
伸指出泉飲之甘冽（至今尚存冬夏消流不渴）復南渡嵎夷海登丹崖
山下臨峭壁千丈俯瞰海潮拍岸中有圓珠小石瑩潔可
愛即留宿山頂至夜半有聲如雷軍中奔告有二獸自水
中出所至風雨相隨光如日月音若雷霆一則人面獸角
似龍而團一似牛無角色蒼一足突入營中觸齧死傷無
算軒轅令以弓矢禦之不能中至天明始去風后曰嘗聞
吾師云東入海有流波山中有獸曰夔　曰神魖其狀如
此軒轅問制伏之術大鴻曰既非矢石可制須掘地爲穽

乘其隋下擒之、軒轅令掘穽深廣、上覆以物、埋伏穽營而待夜分、二獸光芒呼吼而至、入營、金鼓齊鳴、二獸亂竄、其一顛下穽內、一復冲出、力牧令投火入穽燒死、鉤起視之、無角而一足、殆牝夔也、恒先曰其鳴如雷、試以北皮冐鼓、聲必遠發、岐伯謂其太堅、將硝石軟之、赤將作木匠鞔於兩端、斫大竹擊之、可聞百里、復擊以桑木、聲達三百里、偶以其足骨檛之、達五百里外、大鴻曰若得牡夔、千里不難矣、軒轅曰有大事用召諸侯、東巡至萊夷、登丸山而眺大海、丸山在郎邪、朱虛故縣、古都來報土中產一神物、形如木幹、大五六圍、長十餘丈、色黃而兩頭相等、無有面目、軒轅怪之、恒

蚓

黃帝

○屏翳

先曰純土之精也、我君土德繼王、故現之耳、軒轅冋古都見其死蟺如龍蓄鳴身曲、因名曰曲蟺、又曰土龍、生於軒轅之丘、俗曰丘蚓、或作螾、江東謂歌女、江北謂坠蚕、形小如筋、皆其遺類、有種白頸老而有神燭之、可睹鬼神、羣臣以土瑞尊軒轅爲黃帝、繼炎帝而王、大常乃於澶淵之西五龍山、按五星列曜、八卦三才、築壇、羲和擇吉星臨座之日、羣臣備儀仗、迎帝至壇、郊祀天地山川百神、即天子位、年三十二歲、是日晴明、適有卿雲之祥、令大行山屏翳作雲書、以雲紀事、官以雲名、至今松檜蓊鬱、常有五彩雲現、是其壇址也、除殘去暴、民生遂、聖德如雲覆萬方、蚩尤等來助、蚩尤可稱同惡相濟、然其折忮以傷人者

不出於五行之術、一遇修眞之士都無用處、於是見大
道之妙、
人身小天地也。天地間有種種魔怪、人身中亦然、必得
蕩除。然後可以問道。玄女之九應龍之爪、是即學者慧
劍。赤松以雨師而得爾。祝融以火德而收回祿、正是
物歸其主、。
夔與丘引在治世爲瑞、在亂世爲妖、猶之人心不正。則
耳眼舌鼻不爲五官、而爲五賊矣。
魯展雄暴、故做古號呼之、益證出語有本、

○○金鑑成古今具覽　○○○神芝現三一藏機

命蒼龍爲青雲春官、祝融爲縉雲夏官、大封爲白雲秋官、后土爲黑雲冬官、柏常爲黃雲中官、尊風后爲太師、公力牧爲上相、恒先、大鴻爲左右輔弼、百官陞進有差、命築一城於涿鹿之北、内建祖廟、遷衆居之、合諸侯之符信圭瑞、衆皆秉執來朝於釜山、在保定府安肅縣、去版泉西北六十里、山形如釜、內出瑞雲、改曰龍山、是時東至於海、西至空同、南抵於江、北薄葷粥、天下大定、四極凡二萬八千里、乃鑄鼎立九州、置九行九德之臣、以觀天地、祀百神、垂法設教、以河圖復制爲理法、正乾坤分坎離、倚象衍數、成一代之宜、以重坤爲首、是爲歸藏、△商所

謂歸藏坤也、帝初聞西陵氏女嫘祖聰明溫順、聘娶爲妃、常來
遊海濱、見樹上都有白團似鳥卵而軟、擘視中有蟲如核、
詢之土人、云龍與馬交精遺所化、嫘祖取置於器、越日出
蛾、雌雄相配、自辰至亥始觧、生子無數、嫘祖收之、來春皆
生小蟲、採桑嫩葉飼之、桑葉漸老、其蟲亦大而能食、見其
攢簇、名之白蠶、又曰天虫俗作蚕字、至身白有光即不食、嫘祖以稭
草布蠶於上、自然吐絲作團蒙戎之狀、名之曰繭、摘而撥
沸湯繅之、繹而爲絲、法天象經縱緯橫之義、造機杼織成
幣帛、可以衣體、至是登爲元妃、帝觀翬翟草木之華、以帛
染畫五采文章、以表貴賤、量體裁用、以爲衣服之美、而天

方纍氏　女節　肜魚氏

下不患皴瘃、次妃方纍氏之女曰女節（纍一作傫）、嘗種勻黃紫三種木棉、摘花去子、以物擊鬆、製紡車搖而引之、以為棉紗、亦以機杼織之、是為棉布、又漚苧麻之皮、擗而織成麤布、為夏時之服、三妃肜魚氏、美而貞慧、而不伐、能攬絲作線、磨鐵成針、刺繡魚龍花鳥等物、帝令其繡袞服九章之屬、常先作冠冕、謂之元服、冕上有覆、前俯後仰、主於恭也、前後垂旒、以絲繩貫玉垂之、天子玉藻十有二旒、每旒各十二玉、玉相去一寸、而垂齊肩、玉五采、朱白蒼黃玄、公九旒、九玉九寸、玉三采、朱白蒼、諸侯七旒、七玉七寸、玉二采、朱綠、附庸之國五旒、五玉五寸、玉純色、士庶有冠無冕、冕

胡曹　鬼方氏

之兩旁當耳以綿纊之曰黈纊造成以進於帝帝曰冕而前旒所以蔽明黈纊充耳所以掩聽毋作聰明虛已待人也遂受而服之加常先為冕後帝命臣胡曹作袞服九章一曰龍天子之龍一升一降以龍首卷然故謂之袞上公但有降龍玄衣黃裳以象天地之正色二曰山三曰華蟲雉也四曰火五曰宗彝虎蜼也皆繪畫於衣六曰藻七曰粉米八曰黼九曰黻皆刺繡於裳胡曹依命造成元纁始設冕加為袞伯帝取珹珂作珮老鵰入海化為珹貝大者曰珂有雙衡長五寸廣一寸下有雙璜璜徑三寸衝牙蠙珠上納其間上下為衡半璧為璜中橫以衡牙以蒼珠為璃佩於胸次帝為有北患欲和遠人娶鬼方氏女為四妃曰嫫

母　雍父　曰盃　白虎神

嫫貌雖陋而德充帝進良言以匡不足帝每嘉之命元妃教民蠶桑後世祀為先蠶二妃亦教民紡織麻苧帝命脊龍教民尊君親上之義百姓親睦而知禮命祝融復修羲農之法教牧養六畜播藝五穀雍父又斷木為杵掘地為臼以火堅之使民舂粟作飯白盃作罌綆鑿井汲水而飲日中為市通民之有無帝御殿忽見一人獠牙怒髮乘白虎來集於庭大言曰臣西方白虎之神奉王母命以地圖授帝端放於几而去帝披覽之遂欲區畫廣土命栢常勾龍司其事太常畫野分州得百里之國萬區帝命縉雲庸先匠營國邑以恒先大鴻為左右二大監監於萬國以和其衆匈

龍法帝之九軍陣數經土設井以塞爭端立步置畝六尺爲步步百爲畝（至秦孝公時始制二百四十步爲畝）井九百畝八家同井井開四道而分八宅各授一區中爲公田井一爲隣井三爲朋朋三爲里里五爲邑邑十爲都都十爲師師十爲州分之於井而計於州則地著而教詳矣帝以句龍能平九土使君土官（後世祀以爲社曰后土之神）白雲大封言爲治之道安不忘危各設一長於邑農隙則講武事教以禮義以丘井制兵民知親上死長之道矣帝恐事有闕乃創竹與几長五尺二寸高廣二尺兩端赤中央黑坐必設几几有五玉雕漆形素又制設席之法筵鋪於下席加於上藉以爲位（筵竹席重）

高元

性耿介、善鬭人、發之必守、死而不犯、分有門衛之道、故都城取義於此、

相高

曰莚單曰席負斧扆而朝諸侯、扆如屏風、高八尺、東西當戶牖之間、以絳爲質、畫爲斧文、朝見諸侯樹之於後、負而坐焉、帝立宮室之制、命臣高元總其事、首建合宮、祭祀天帝、以接萬靈、布政教焉、更造阿閣花圃、爲暇時遊樂之地、帝復城、城築邑、方丈曰堵、三堵曰雉、一雉之墻、長三丈、高一丈也、各令重門擊柝、以禦暴客、死者始制爲棺槨、使歛而葬、封植以爲表、帝問柏高造幣棘之利、而爲輕重之法、始作貨幣、爰命榮援范金爲貨、制金刀、名錢爲刀、以其利用也、金錯爲鉻、列於珠玉布中、立爲五幣、珠玉爲上、黃金爲次、刀布爲下、後太公望倣此、作九府圜法、因設九棘之次、曰公侯伯子男卿大夫士庶、後分左右九棘、棘木堅而心赤色、取赤心攻刺之義、始定置制、天子城千雉、高七雉、公侯百雉、高五雉、子男五十雉、高三雉、羣

帝鴻氏臣謂帝業鴻庥、尊號曰帝鴻氏。帝思文字可以紀述垂教、集臣下曰、庖犧氏作龍書、神農氏作穗書、今雖作雲書、更欲詳明昭一代之盛、太山夫老曰、相傳史皇氏制六書、將推爲君主、遂避入陽虛、大名南樂地、若得其出山、文字可興矣。帝乃備安車厚幣、親往聘請倉帝。初不欲出、見帝意誠切、歎曰、深居避世、不意復爲虛名牽引。不出恐拂至願、因同下山。帝問六書字法。倉帝曰、星辰象緯、流水落花、即天地之大文章也。至都、帝尊以賓禮。倉帝請就史職、帝設館居之、時號史倉。帝初得良玉一方、治爲墨池、以授史倉。不敢自私、篆其旁曰帝鴻氏之硯。復倣靈龜篆圖、答之時沮誦以膠𦢊爲塗、管毛爲畫、削竹作簡、疊簡作策、（單者曰簡編簡爲策）以火炙簡令汗出去青、陽書之謂之汗簡、進史館應用、帝以誦爲史、佐史倉頡蟲蝕變古文爲篆書頒行天下、後雖更損其畫皆宗爲法、倉見文字已傳不棄軀殼、終爲所繫、忽無疾而逝、帝爲具殮、越三日擇葬於夷山、舉棺甚輕、啟視唯黃金數斤、知其化去、遂葬空棺於夷山之利鄉、一葬其書簡於濰水、一葬其衣冠於涇陽、帝煉其所遺之金、鑄成二鑑、瑩潤明澈、不特藏府洞見鬼怪、形鑑覩宇宙如指掌、帝大寶愛、藏之內藏、并其所有篆文、令人守視、時以沮誦爲右史、誦亦以鳥獸體類著作字法、合六書之義、尤能補

拾遺漏、而文益備、帝以史倉化形去世、因慮身世無常、集
羣臣問曰人生負陰而抱陽食味而被色寒暑相盪喜怒
交攻故柔脆而多病神農雖制方藥猶未究極其微其孰
能精詳之、大鴻曰炎帝西訪泰壹始知運氣病機至尊宜
廣求博訪、自有所聞也、帝問泰壹在否太常曰蛾眉有一
隱賢修真抱道、自稱天真皇人、有就而問道者若以寸木
測淵莫知其止、皆謂天皇上人、或即是也、帝遂同大鴻義
和岐伯沮誦泠倫榮援大容等往訪、以太常為鄉導寒袞
執轡、王氷服牛載糧、留風后力牧諸臣守國、時帝之十九
年夏月也、甯封子赤將子輿聞帝往峨眉訪道二人趨至

黃蓋子

廣成一提

河濱見帝言願隨行帝許之將渡黃河陡然風雨大作終日弗息帝齋戒夜夢兩龍授圖明旦臨河俟之有二大魚各負一圖泝流來獻帝跪受之二魚自去視其圖皆縱橫如篆無有識者命沮誦收藏渡河西南而行路經軒轅古丘入拜有熊祖廟時天氣炎熱帝與七臣步登具茨山洞避暑有一童在洞口嬉笑陞嗚隄跳舞畧無忌憚帝招入自得其樂偕坐以所得之圖示之童亦於袖中出一圖授帝帝視之中畫一本大芝問何義童曰此神芝圖也乃道友黃蓋子囑以相贈帝曰友可得見乎童曰昨與我師居太室譚道廣成大師將會南來浮丘翁邀師同去黃蓋亦欲他適知

七聖皆迷、識神掩也、

貴人將臨荒山、令我以此奉獻、觀玩自有深味也、立起便
走、帝牽草裾問曰、敢請尊師及道兄大名、好圖後晤、帝令
曰、我師乃宛丘先生、我之微名、高人不足達也、擺脫草裾、穿松
林而去、帝歎息不已、是日大霧、無所問途處、夜半霖雨如
傾、帝與七臣迷、留信宿、諸人尋至、俟地燥復行、一路遙望
岷山連亘千里、青城峯高第一、帝封為五嶽丈人、行月餘
方至峨眉、帝與衆居絶險下、齋戒三日、步上山洞、恭立門
外良久、有小童出請、帝整衣入、遠見一道翁笑容迎帝、登
堂交拜、遜坐、帝述企慕之誠、泰乙曰、山人遯世已久、何當
至尊遠臨、命小童進滌塵湯、帝飲之、心胸開爽、仰視蒼玉

何能富民藥

爲堂黄金爲座華幡四張異香馥郁眞仙境也故問曰余子萬民養百姓而收其租余哀其不給而屬有疾病爲之奈何泰壹曰古之聖人不治已病治未病不治已亂治未亂若夫病已成而後藥之亂已成而後治之譬猶飢而掘粟渴而穿井不亦晚乎帝曰天時有陰陽人壽有短長未揣其理願聞其數泰壹曰夫四時陰陽萬物死生之根本也所以聖人春夏養陽秋冬養陰以從其根故與萬物浮沉於生長之門苟逆其根則伐其本壞其眞矣逆之則災害生從之則苛疾止是謂得道道者聖人行之愚者佩之故在氣血充足禍亂不生時當省性命之源身心收攝保

養夫和。爲有疾病侵凌者乎君子務防其漸。蓋爲此也、帝更問保和要旨泰壹曰若能行九晨照洞房泥丸之法檢魂魄制萬邪清淨行之。以致眞靈之氣降於寢室所謂引三光九星以照百神者也帝曰善正有所問泰壹忽凝神（以身作）靜坐閉目不言（則）帝未敢復言歸視既久始怡然而舒帝從容請曰雖聆自養之道未達濟人之術神農嘗藥制方療民疾苦余欲以此濟世聞上人具天人之學敢求指示泰壹曰捨近求遠如握鞭覓柳吾予左右不乏其人何勞遠顧山野帝遍視諸臣曰此中豈有其人耶泰壹笑而領之邀帝遊清虛境上白玉樓羣臣侍側泰壹皆命坐羣臣不敢泰壹曰吾道大同況汝皆非俗子也令玉女開宴碧几上羅列絳雪玄霜玉芝瑶草紅桃白李碧藕丹苓玻瓈琖内斟以玉液瓊漿侍者皆稱座賓為太清仙王泰壹命飲以丹華之英漱以玉井之漿帝見席間有芝草作餌因出具茨童子所授神芝圖呈問泰壹曰此是大隗至人所鍊三一之道也帝曰敢問何為泰壹曰聞吾子盡三辰立晷景封功人於土地以判邦國察山川之高深以分陰陽因天時之寒暑以平歲道使民彼此交易以聚貨財備設器械以防奸盗制車乘衣服以彰尊卑此皆法天而鞠乎有形之道竊聞古之聖人其治天下也神心不勞而真一定

勤志勞神、真一不存。

廣成再提

欲以我蕞爾之身、兼百夫之能事、則天和莫至、悔吝日生、貪婪欺詐、一切能除、方可問斯道也、乃命么童奏樂、稚女起舞、帝側耳靜聽、既終、問曰、此樂何名、何若是盡善、泰壹曰、荒山時有廣成大貞降軒、談道嘗挈女童來奏樂歌舞、童輩從旁覘聽、久而習成、遂名曰廣成之樂、然猶未能仿佛也、帝顧謂大容榮援泠倫曰、汝等舊識之、因問廣成大貞何人、而有此妙音、泰壹笑曰、是人不可名狀、吾輩觀之、若臨土阜而瞻北斗、帝問所居何處、可得一訪乎、泰壹曰、變化莫測、往來無定、近聞在空同會友、急切未能見也、談至更闌月上、帝起辭席、留宿於玉樓、明晨帝盥漱整衣、還

鬼臾區
容成子
黮如

至前堂、侯泰壹出見、叩問明醫理者。△誰泰壹指岐伯曰
是子曾受學於吾友僦貸季、深通醫理、何韜晦若是、致君
上遠遂風塵耶、岐伯踧踖對曰、非敢自秘、實爲具中玄妙、
未能精究也、泰壹曰、子學余所深知、無庸謙退、復招寗封
子赤將子輿至近曰、二子深明火土金木之用、留助太乙
可乎、帝曰、凡濁得蒙收録、幸矣、二子甚喜、泰壹曰、我徒鬼
臾區一云鬼容藍、有容成之明黮如之數、多能廣學、以償吾子
之賜、喚出相見、帝問容黮之爲人、泰壹曰、向後自知、出一
經贈於岐伯、榜曰靈樞、△後帝有所問、岐伯皆依此經而荅、衍爲九卷。△授帝以金
録之首篇、△太上之靈符寶文、三才五芽之秘訣、△帝問其大

旨泰壹曰守神却惡吝氣全身審彼我割嗜欲然後眞一
存焉三一守焉便爲眞仙矣帝拜謝其教既聞大道須珍
重莫把眞金作等閒

四妃之中嫫母獨以德稱國知艷妻不如醜婦然西陵
方纍形魚三妃制作實有開物成務之智其德更溥
史倉云不棄軀殼終爲所繫可知此軀累人甚矣
山野之名不求聞達具茨童子洵是高賢
黃帝之於泰壹爲醫道而訪之故聞修眞之言絕不留
意及其欲訪廣成亦止從音樂而起猶未深有求道之
心也宜乎再訪而不値

如此方是仙境

○○大隗氏指明三一　○軒轅帝始著內經

臨行、泰壹將陰陽雲氣占驗一卷、黃冶二卷、太乙金丹九顆、玄珠一枚、爲贈、帝即謝別泰壹、率諸弟子送至山下、復丁寧曰、欲聞義理、雖臣庶當事以師禮、況性命之學、尤不可忽也、撫泠倫背曰、汝材甚美、但別有道緣、在異日耳、泠（伏筆）倫伏地、問之泰壹、笑而不語、與衆作別、回洞、帝不忍遽去、忽起陣清風、振得萬樹長松、作波濤聲、凝眸已失山洞所在、惟見一片白雲嶺頭、封護得城郭相似、帝遵教引載岐伯、於後車而歸、以咨諏治道、甯赤二子、留於峨眉、皇人命甯封守爐、掌火、囑曰、俟爐中烟起五色、乃傳以道、甯封謹

守數年、而烟莫出、遂積薪於野、卧身於上、舉火自燒、即有嵌肯
五色烟起、其身隨烟氣上下、皇人以手招之、倏然至洞、遂
請以眞道、赤將日爲皇人、採摘花草供食、久之不喜火食、
惟噉百花芝草、不覺身輕體健、一日皇人命所峯頂古竹
作竿、此山連岡疊嶂、延表三百餘里、至此突起三峰、其二
峰對峙、宛如峨眉、峰頂高峻、猿猱不易攀緣、赤將鼓勇登
之、斫竹在手、四顧巉巖削越、無路可下、乃舉身自投、隨風
飄地、毫無損傷、歸覆皇人、亦得傳至道、黃帝離峨眉至長
秋山、出所授金丹、與諸臣分食、丹色沾手如沃、至浦口浴
之、江水盡赤、名其處曰浴丹池、至唐時建崇眞觀以記其事、其時暑氣

以病是教民醫家

明示洪厓皆提廣成

漸消火雲未飲從人感受山嵐瘴癘、皆得病先自寒戰鼓慄、腰脊俱痛寒止則內外皆熱頭痛如破渴欲冷飲帝憂之、俟少止時教相扶傍岷江而行至巴江、(此水與閬水白水合流、曲折三回、宛成巴字、)見一高山中有茂林碧水分流左右、帝命衆休憩、半山飛瀑如布、崖間有洞、洞口刻古篆、沮誦識之、乃洪厓洞三字、皆不以為意、(宋拔仙有詩、)帝問病源於岐伯、伯對曰因過大暑腦髓爍、肌肉消、腠理發泄、或有所用力、風寒舍於皮膚之內、分肉之間、而發陰陽上下交爭、虛實更作、名曰瘧、瘧只於此山之東、彰水間得丹砂、數合再入雄黃諸味、合鍊成截瘧靈丹、服之可愈、帝遂依法修之、九月始成果

縉雲氏

一服而愈又令烹粟爲糜粥以和之帝駐此山常有赤雲覆護於上居民因名其山曰縉雲呼帝爲縉雲氏衆人謂飬數日然後起行時已秋涼行次古都念及神芝重晤之約乃停車駕於麓獨步上山見洞中先有數人在彼爲首二翁出迎曰子誠信士也邀入洞施禮遜坐帝求名號方知是大隗黃蓋子與宛丘先生黃蓋曰蔚倩王道友饋山芝一本嘗其味若何帝鞠躬致謝曰承賜神芝天眞皇人云是三一之道未得其旨正欲求教黃蓋曰是乃精氣神三者合而爲一也帝請問至人分合之義黃蓋曰以其不變謂之精柔順謂之氣通靈謂之神夫先天之理攝神歸

氣攝氣歸精融精於混元三元混成謂元精元氣元神至於鍊精化氣鍊氣化神鍊神還虛虛合自然自然湛寂謂之返本凝合爲一其實一也分而爲三吾於是鍊成一本神芝約新挹露煥然文采帝謝曰其中滋味果咀嚼無盡因不見寄圖童子問何所適宛丘曰此予之道伴王倪也往會容成子鑄丹鼎矣帝甚喜曰敢問容成安在宛丘曰始居狗骨坂兩岸多生枸杞故地各曰杞其處人皆愚拙常憂天墜下身無所寄容成爲之講明天理其處諸人始得身心安泰前西王母來採老杞幹作仙人杖容成與語累日母見其靈慧便教以作丹之法講明經緯之理自此

醒世語

說有異却將已藏過妙

若留者自有意

常與異人往來向西北指曰此高大者是中嶽太室地脈連亘東南徽茫一點應是嵩山之首名曰首山容成居此巖下常即辭行望首山來遙見林表火光燭天遂下車步去二人在內摶土爲範鎔銅作鼎一是具茨贈圖童子正待往問即起身帶笑望深林中跑去一人默坐於地帝知是容成乃躬身前問曰敬來求見何不以片言相接謂予不誠耶容成緩答曰遯世之人恐言語不合故緘口耳帝因問道童根由容成曰此人年壽不小在太昊時已是蒼顏入山修道既久轉而爲少不可以童子忽之也帝問鑄鼎何爲容成曰方與王道友欲鍊金丹故採山陽之銅鑄

妙人

發明

人皆故
彼此會
鬪苞
大撓

鼎三座王道元會言尚有牽阻今大駕之來斯言應矣帝曰昨於峨眉皇人先稱大號頃在具茨又得宛丘數說仙踪故特相請出山使得朝夕聽教容成辭遜再三鬼臾區岐伯諸人皆勸容成始首肯曰更有道伴鬪苞大撓又曰大填精詳術數可使同去鬪苞在山下掘銅大撓在澗邊汲水聞呼齊至容成道明所以亦願相從帝尊容成以師禮與之同載容成教收鍊就精銅裝於後車行次具茨結帳宿於山側侵晨帝步至山洞四顧杳然歎息而下渡黃河傍濟水而上已至近郊想及廣成大貞欲一訪其道德但不知空同何處問於羣臣常先對曰五方有五大空同南在

訪廣成

天師之稱始於此

章貢二水合流之南北在涇河百泉之北中在汝河大澤之間西極直抵昆侖黑水近東只在盤燕白檀之界五者未知何是帝曰汝河章貢作歸豈可復往昆侖百泉久旅未能遠征且就盤燕訪之諸公勿憚疲勞同予一往羣臣從命不一日到盤山數峯陡絕形勢逶迤一名盤龍山頂有巨石如鬣帝登之望見空同在燕山之北白檀之南正搖顫間其石忽搖動如顫衆扶帝下（至今其石推搖輒動）帝至空同山麓惟見白磧黃沙荒烟衰草欲尋土人訪問皆遠居百里留連五日索然而返鄴城帝以夭昏凶札君民代有因憶皇人所言拜尊岐伯爲天師惶恐不受帝曰如是視天

都似爲泥世人說法

下之溺也、岐伯乃不敢辭、帝齋戒旬日、敢問天師曰、余聞上古之人春秋皆度百歲而動作不衰、今時之人半百而衰者時世之異耶、人將失之耶、岐伯對曰上古知道者法於陰陽和於術數食飲有節起居有常不妄作勞故能形與神俱終其天年、今時則不然也以酒爲漿以妄爲常醉以入房以欲竭其精而耗散其眞不知持滿不時御神務快其心逆於生樂起居無節故半百而衰也、帝復問順養趨避之方、對曰古聖人之教下也皆謂虛邪賊風避之有時恬淡虛無眞炁從之精神內守病安從來是以志閑而少欲心安而不懼形勞而不倦氣從以順各從其欲皆得其順。故美其食。任其服。樂其俗。高下、不相慕。其民故曰朴。
雖有嗜欲。不能勞其目。淫邪不能惑其心。愚智賢不肖、不
懼於物。深合於道。所以年皆度百歲、而不衰者、此其德全
而不危也、帝曰、余欲臨病人、觀生死、決嫌疑、知得其要如
日月光、可得聞乎、岐伯曰、上古帝上之所貴、此我先師之
傳也、昔皇人使我師僦貸季理色脈而通神明、合之金木
水火土、四時八風、六合不離其常。變化相移。以觀其妙。以
知其要。則色脈是矣、色以應日。脈以應月。常求其要。則其
要也。帝欲求見僦貸季、岐伯曰、我師好僻居枯坐我亦不
能知其處、鬼臾區亦嘗事之、受其道、帝乃立鬼臾區爲少

師察五運六氣之旨、始能洞性命、紀陰陽天時歲烝藏府、感因得以分明矣。岐伯鬼臾區兼以相國、帝乃與之上窮天紀、下極地理、更相問難、闡發玄微、推至太素之始、八十一問難、作爲內經、於是藏府別經絡彰矣、與伏羲神農之

俞跗

書、藏之內府、（後名爲三墳、）岐伯復舉俞跗、察明堂、專識表裡陰

雷公

陽之病機、雷公究息脉、兼詳炮炙之藥性、巫彭處方蠱餌

巫彭

并湔澣、刺治、桐君定本草、採草木金石之藥材、俞跗解剖（皮透

桐君

肌、決脉、結筋、漱滌胃、藏、鍊精、盪形、）雷公（南極人名數、一名鵲州、）鵲喙、脇有肉翅、扁伏、

扁鵲

是謂扁鵲、時寒衰、王氷隨侍天師、探討玄理、後寒衰能知

馬師皇

牛馬形氣、死生之診、理之輒愈、是爲馬師皇、（獸醫之祖、）王氷得

內經之旨、隱而不發、視之若愚、至李唐時始出闡揚經義、明歲、帝又南遊、將渡翠嬀之河、有大鱸、巨口細鱗、背負一圖、至前、帝受而視之、皆蘭葉朱文、五釆畢現、弗知其義、歸呈於鬼臾區、見其中有日月星辰之象、風雲氣候之理、觀玩月餘、得其五要、乃建設靈臺、立五官、以叙五事、命羲和占日之晷景長短、尚儀占月之晦朔弦望、車區占風之方隅來信時候、命大撓探五行之情、占斗綱之所建、以十一十二支、陰陽相間、剛柔相配、三十年為一紀、六十年為一周、自此始作甲子、時鬭苞授規畫分野渾天圖於帝、帝即使之規星、鬭苞遲以渾天裂為六幅、分列二十八宿、中區帝座、三垣、閣之如指掌，於是鬼臾區得以占星之咨明流隕，主何吉凶悔咎，始有星官之書，五人各任其職。帝問蓋天之說於容成，容成對曰：夫體有出體力用作地外，水在天外，天行於水中，乃如鳥卵，天包地如卵白，地在天中如卵黃，非謬言也。實仰止周天三百六十五度四分度之一，半在地上，半在地下，南北有樞極旋轉斜倚地中，北極出地三十六度半，南極入地三十六度半，兩極之中處為赤道，如帶繫天中，日月星辰俱斜轉上下為晝夜，出入赤道為冬夏。天地皆中高四下，日月環行其旁，北極為天頂，中國偏在南半樞兩旁，為天之卯酉，乃人間之寅戌也。不則日行南半何遲、而後悟何疾、此理最爲明失也帝謝教而退、心中猶豫、明日復見天師具述其說因問天之居上、地之爲下否乎、岐伯對曰地爲人之下太虛之中者也帝曰說有憑乎岐伯曰大炁舉之夫天地萬物皆一炁耳天清地濁陰陽錯雜而成形者爲萬物、凡有質有神能動能靜無非炁也人但、知在虛空者爲炁不知此厚重之物、如浮舟然宕繫虛空亦皆炁所載也萬物法天地而生人身範爾一小天地炁血即身之水火也藏府即身之五洲也炁血自能營衛水火何由滅絶藏府各安部位大地豈至下陷乎是以醫道通於天、天人一體故耳帝撫掌稱善尊容成子爲天公、

公

命作蓋天之式以象周天之形又綜六術以定氣運

子午少陰君火　丑未太陰濕土　寅申少陽相火

卯酉陽明燥金　辰戌太陽寒水　巳亥厥陰風木

天道既已發明第問鬼臾區等五人所占日月星辰之體用如何鬼臾區對曰二儀之懸象著明莫大於日月其徑當天周七百三十六分之一地廣二百四十二分之一日者陽精之宗月者陰精之宗日喻之火月喻之水火則外光水則含景故月光生於日之所照魄生於日之所蔽當日則光盈就日則光盡也衆星被耀因水轉光當日之衝光常不合者蔽於地也是謂闇虚在星星微月過則食日

之薄地其明也繇暗視明明無所屈是以望之若火方於
中天天地同明繇明瞻暗暗還自奪是以望之若水火當
夜而揚光在晝則不明也月之於夜與日同而差微星則
不然強弱之差也衆星布列其以神著有五列焉斗有七
星故與二十八宿爲三十五名一居中央謂之北斗動變
挺占實司王命布於四方謂之列宿日月運行歷示吉凶
五緯經次用告禍福天心可見矣中外之官常明者百有
二十四可名者三百二十爲星二千五百而海人之占未
存焉微星之數庶物蠢蠢咸得繫命不然何以總而理諸
夫三光同形有似珠玉神守精存麗其職而宣其明及其

衰也、神散精斁、於是有隕星、奔墜所至爲石、其文耀麗天
而常動者七、日月五星也、周旋右回、天道貴順、也近天則
遲、遠天則速、行則屈、屈則留回、留回則逆、逆則遲、迫於天
也、行遲者覿於東、屬陽、行速者覿於西、屬陰、此日月配合
也、攝提熒惑地候、見晨附於日、太白辰星見昏、附於月、三
陰三陽、參天兩地、故男女取焉、方星巡鎮、必因常度、苟或
盈縮不逾於次、故有列司作使、曰老子四星、周伯王逢芮
各一、錯乎五緯之間、其見無期、其行無度、實妖經星之所
然後吉凶宣周、其詳可盡矣、帝復問歷數、上下周紀、其可
數乎、區對曰、善言曆者、務求烝與象、不善言曆者、數而已

矣烝與象即理也二者相符而後得其全蓋理者數之本數者理之驗也正是胞褋籠宇宙相對恣談天

窮封舉火自焚而五色烟起旨哉言也試思坎中之眞火不起則離中之眞水不降何能既濟而使五烝朝元乎

容成講明天道而杞人身心安泰常戚戚者安得容成而語之耶

然容公對黃帝者乃天象岐伯所對始是天理

○○○揀良材逸歸風后○○○訪大貞不信洪崖
必審象以合乎理候炁以驗乎數然後準諸晷度則重彙
高穹不遺毫芥其中之理數天以六節地以五制用天炁
者六期為備終地紀者五歲為周五六合者歲二千七百
二十炁為一紀六十歲千四百四十炁為一周太過不及
斯已見矣帝聞此宏論歎曰探賾天地之始窮幽法象之
原可謂智參造化者也遂尊為經歷公以羚倫為副師焉
是鬼臾區居靈臺之上因五量治五炁起消息察發斂以
作調歷歲紀甲寅日紀甲子而時節定是歲交巳酉賓帝
之五十年也時冬至日有月南人獲神策百莖來獻其地在日

之南後爲越裳交阯界、併進一獸、圖云南土所產、其鼻似匈、牙長於
軀身大可四牛、交姤水面、三年一字、其膀四季流行、四足、
不知何名、帝謂但見圖象、遂呼之曰象、遣使求之、逾五歲、
得十六足以歸、以其能負重、命用以駕車、神氏之丘、得寳
鼎三座來獻、不炊而熟、盡昔逸神氏之丹鼎、按天地人者、
帝使晁侯常先貲諸物、問鬼臾區主何禎祥、區曰、策筴即
蓍草也、歷千歲一本百莖、下有靈龜守之、此必合帝之在
位年數、若夫寳鼎、乃錬神之器、天機微意、未敢直陳、當以
嘉徵之語、還報、策可留此聽用、晁侯拜辭、復命、鬼臾區乃
以方員勾股之數、測天地之高深、度日月之遠近、土圭臬

表候焉異同衡尺矩弧綴術煩簡蓋土圭日至之景即句
也臬表即股也以臬之高若干得景若干即知離地若干
所謂偃矩以望高也以日月之高為晝其夜相等即得地
之下深所謂覆矩以測深也以日月之高深得天高地下
之徑而三之即為天體之員所謂環矩以為員也得天之
員因以方之測其弧知周天經緯之度數所謂合矩以為
方也得其方數因以平之而兩極之出地入地天中之在
南在北皆可得矣所謂衡矩以正繩也天有北極西隅有
河下因而設管以望之則七政之高低遠近無不具得所
謂卧矩以知遠也復患七政之參差兩儀之廣袤必以算

術乃能極其奧遂命隷首作九章算數而齊約之帝闕隷
首號曰黔如精於數術知即皇人所言者故令其掌算數
鬼臾區因數以系朔轉交閏為五應立表為曆元章蔀以
乘除加減歸併法算之累成歲氣遂以日月朔望未來之
數而推步積形分以置閏十九年七閏為一章配甲子而
設蔀六十年一周為一部造成十六神策長歷於是時惠
而復從臾帝更命大撓有涉言進規常命作戒書於盤盂
以彌縫其闕即以為孔甲史黔如為盧首史言作算之帝始者也
謂經歷公既事曆日何暇更占星象車區占風角多驗復
命併占星之系色休咎容成天公常指點其星之紫宮為

風鉅

大塡

皇極之居太微為五帝之廷明堂之房大角有席、天帝有
座、蒼龍連蜷於左、白虎猛據於右、朱雀奮翼於前、靈龜圈
尾於後、黃神軒轅於中、六擾既畜、而狠蚖魚鱉罔有不具
在野象物、在朝象官、在人象事、動用畢備、占之輒應車區
悉皆領會、帝曰吾聞知天者聖、天公非聖而何、凡象緯之
事、悉兼而總之、命栢常於天中建皇極、拖禁令、國無邪慝
市無淫貨、帝以風鉅配上台、以同天天老配中台、以錄教
五聖配下台、以道級、謂之三公、知命受糾俗、以正臣民、窕
紀受變復、以彌禍變、大塡受補闕而寡過、尤地典受州絡
以明土脉力、牧受準斥凡事、合宜、鵠治受決法而民不枉

屈軼、

開皇十劫

赤誦受版横而弗不忒、是為七輔、一曰三公四輔又曰七佐、又立六卿、
三少、二十四官、共理萬民、由是民不習僞、官不懷私、市不
預價、城郭不禦、見利不爭、風雨時若、人無夭枉、物無疵癘、
虎豹不貪噬、鷙鳥不妄搏、裔夷之人、罔不來享、天地治、神
明通、有異草生於庭、佞人入則指之、名之曰屈軼謂其能屈放佚
之人、鳳凰止於東園、巢於阿閣、麒麟遊於苑囿、天下咸稱至
洽、歲在庚戌、上應開皇十劫△帝臨朝、曰、昔吾祝融君聽鳥
鳴作歌以和神氏、太昊造琴瑟作樂以理身心、女皇制笙
簧、以通殊風、炎帝斷葦籥、以協羣音、今賴公等匡維、亦欲
作樂以識盛、泠倫進曰、臣、採發音者有八、金石絲竹匏土

引出洪厓

一則藉此還山二則引起訪道

革木絲金革之音濁而遠、絲竹之音柔而和、匏石之音精而脆、土木之音朴而實、衆材隨地可得、唯良竹能和衆音、必求節疎而直幹堅而圓者方可、近處未易得也、風后曰、臣在中條時、吾師令汲泉於嶰谿、有修竹千竿、勁節凌雲、垂枝映水、堪為妙選、臣願同泠倫前去採取、亦得一省師尊、帝即備禮物、令致謝夫姥、共鼓化狐邑夷皆願同往、得採巨材、以造舟揖大轎、帝悉許之、風后偕衆起行、帝親率羣臣送至郊外、叮嚀蚤回理政、諸人帶從者百餘西行、在路月餘、將至中條、風后謂衆曰、今我入山不復還都矣、（去得脫然）泠倫等大驚曰、太師公何出此言、帝前不露片言、我等如何

先去三人

脫其俗與

同覆風后曰但言鼎成時再會可也此去大夏之西阮隃
伏

之陰可得美竹只我欲求一作伴未知孰允邑夷願從遂
與衆作別驅車疾馳同去衆徬徨歎息越宿乃行至嶰谿
見水勢奔溢隔溪谷口果有千竿修竹造浮梁過溪砍伐
得數竿竹林有人喝曰爾欲作假鳳鳴伐去此竹教眞鳳
棲於何處泠倫止衆勿伐入竹裏尋之見一人趺坐古貌
野服知是異人即上前拜問不答叩問再三乃曰予洪厓
生也○廣成是予後輩汝主恭其道遍處訪求然未若予之
世之
簡易也○泠倫欲諷其入補風后之缺其人笑曰方事聲色
爲樂娛眼怡性詠哉泠倫願拜爲師從遊林下其人曰未

通病

轉得快

再訪廣成

方明

昌寓

昆閽

滑稽

可也且令汝主同來當語以至道泠倫恐其踪跡不常已在竹林追陪令共鼓化狐截竹爲叚截於車上回都報帝自來敢請鼓狐採伐巨材連夜造成舟檝裝載竹木車伏順黃河東流由濟水北上入朝將諸事奏聞帝驚喜曰太師公克定大亂奈何遽去我必强之出山洪厓既與廣成相識務往會之見大貞不難矣以政事盡委力牧帶近臣數十人命方明執輿昌寓驂乘張若謵朋爲前馬昆閽滑稽爲後車厲石負書離朱戴圖喫詬象罔執戈戟栢常荷劍以從命化狐爲鄉導備載行糧發軔紫宮之闕朝涉洹（有心哉）沙之河夕宿陰浦岐伯知之與寒衰王氷趕至漯水天明

鳳石　弃詔　象罔　若顯若隱、令人不測

帝登舟將渡、岐伯至前曰、聞帝西狩中條、願隨車駕、帝曰、天師不憚跋涉、足見至意、遂同渡而行、旬日將至中條、陰霧漫空、迷失道路、岐伯曰、冬霧終朝、天將雨雪、恐旅中不便、化狐曰、何不先至嵰谿、見過洪厓、順遂歸迎風后、帝允之、俟霧開驅車西去、衆不知嵰谿即王屋後窟、乃遠遠轉過大夏、遥見泠倫來接、帝問洪厓安在、倫曰、日在林中講究、昨晚有五老人、乘灰黃蒼白玄五色之鶴、邀先生入空同、會廣成子、先生即折竹枝化彩鳳跨之同去、臨行囑曰、帝若來、云在空同相候、帝曰、空同有五、不知何處爲是、岐伯曰、少屋北邀涇水之北、有山曰崆峒、其間峰巒卓越、標

三人去法將異

帶中原聖賢會集之所或是此處帝即命駕北訪水陸兼
程過涇河見烏崙山勢險峻戒衆緩行至山半寒衰踹巉
巉危石忽失足墜下衆大驚帝急令運轉大石不見皮骨更奇
尋至山左寒衰卧石巖手招岐伯岐伯撲身而入王氷尾
後亦進衆趕至巖前石遂閉合帝令開鑿堅如鋼鐵連開
三日不得見帝泣曰天何屢奪良佐耶只得起駕一路問
至空峒果是景致異常從人駐山下帝與泠倫諸人緩步
而上見雙松下洞門緊閉額土横鐫廣成洞三字帝喜曰
今番得見矣親自叩門有二童子啟門曰已知大駕降臨
但我師朝往須彌會友歸期難必曾囑轉達至尊畢即再

來相晤帝曰越嶺循川往來萬里寧守幾日以俟一見二
童曰既決意不敢久屈送一信去或可歸矣進內取小盒
邀帝同陟高峰上有石爐大可數圍童拈盒中香少許投
童子亦點
於爐篆烟騰起洞口有人曰洪師至矣帝信是廣成已回
趨下峰頭遠見道者年可半百洽倫先拜陳說帝知是洪
厓畧述企慕之誠洪厓曰頃在須彌會中黃子忽見信香
起知貴客在門帝曰予聞須彌在北海之北而何往返之
易洪厓曰兩儀間有四大須彌中須彌爲大地南望崧檜
鬱然者南洲之須彌也遠在極北近在目前此皆中黃子
寄跡之所也帝曰聞廣成所在洪厓曰此亦山野慵來家

惟其勉強所以相梗

力默子言語一號力默子無甚道德可重何亟叅究問若此帝微慍以爲峨眉皇人誠不虛言洪厓延入洞中帝因天色昏黑權且留宿是夜彤雲密布下一天大雪向曉不止帝殊焦躁勉強與洪厓談論洪厓反梗於義理所以愈不合意只欲辭去洪厓曰廣成在西空同靜鍊去恐索與而回帝得此消息一候天晴便要踏雪上路洪厓亦不再留臨行贈自然之經金丹之訣二篇曰此皆清淨要領玩之自得也帝受而謝之同泠倫等西行日暮共入大林歇宿先有數人在內燃榾柮向火中一黃面長髯老翁捧九節竹杖舉手向帝曰願以此竹見贈中有九品之方與子觀玩

何不上山
入見中黃

受用無窮、帝異而拜受、剖視之、每節有篆書三字、其文曰

守飛門　逸户門　啟悃門　巡喉門　安賁門

會叒門　沁幽門　約關門　導魄門

帝問其精義、但云試反求之可得、與是夜同宿林中、明旦起視、已失數翁所在、詢問土人、知是須彌山下、始悟中黃子現身垂誡、遇而不識、誡為懊恨、復趲行西去、一路履氷雪、夜宿曉行、又值冬盡春初、有幾座峻嶺高山、猶是粉堆玉砌、惟喬松萬株、挺立天表、帝皆命之曰雪山、抹過馬支删丹口、是西番地界、遍山多結杞子、映雪較紅、採食味極甘美、名其地曰甘帝、與衆披荊斬棘、遂直至西崆峒峯嶺

借景點綴一筆

中誠經

一似雞頭因名雞頭山一作枅頭在肅州福祿縣東南六十里即隴右大隴山分支帝

登雞頭西望遙見尖山黑山崑崙合黎萬山環拱皆積雪

未消俯瞰青海紅池瀇漄弱水一派濁流絕無行人問渡

遠見一人西來帝率羣臣迎覘之彷彿赤松子問之果是

云自龜臺還帝告其所以赤松出中誠箴一軸授之囑曰

當勇爲毋退抖擻遂行帝留之不得啟箴誦其語皆修身

制命治性之法實藏車中此山上當斗柄戴北極而立山

下有滕姓六家居焉帝遂止宿其家化狐告以西來求眞

之故滕老答曰兵爲陰象帝用以治亂實爲陰氣所結帝

道遇之吾聞眞道貴陽而惡陰恐帝未應受籙也化狐以

㊉滕六

玄珠丹頭也至虛無質之物象罔求之自得若明智而復喫火

其語聞帝不之怪、後人謂雪爲滕六、（其源流爲滕水）帝於山之前後、訪問廣成子四五日無有知者、帝歎至道難聞、將命駕東歸、從人報有樵子在林伐木可拘問之、帝親往問曰、此地有廣成大貞否、樵曰、居人皆以殺伐爲事、殘暴成風、雖有高人賢、豈肯駐足於此、（漸漸引起封禪）帝自省減蚩尤、擒榆罔、殺戮生命誠多、如是罪過、何能得見聖眞、樵子其謂我矣、速回修省、再議訪求、別樵者、取原路而還、（還原必由之道）經赤水之北、登昆侖之丘、（坤土）南望歸途、（離宮）夜半下丘、遺失玄珠一顆、（眞一）使智者索之不得、無何復使喫詬舉火索之、又不得、離朱（字婁）目力最明、暗中能見微物、帝使其徧索、亦不得、象罔無意得之於枯草間、帝曰

從何索處
異哉明智者不得象罔無知乃能得之我於是知智能之
不足恃矣爲訪廣成反失去諸于興咏蕭然行近涇水泠
倫曰洪厓曾云興盡而返今果然耶帝曰狂徒之言何足
憑行數月至中條山口時巳三春天氣遍嶺桃花如一片
紅霞帝率衆上山山有二洞皆應前被桃花護定乃分枝拂瓣
而進及至洞中光明通達望其後深邃莫測中設石床籐
椅竹杖榛圍悄無人影帝顧問泠倫曰太師公臨別曾有
何言泠倫以鼎成再會之言爲對帝莫知其意惆悵良久
歎曰來去自如眞高人也天師三人亦未必不借景遯去
諒不肯復出那知後會巳不遙分手亦暫得

恍恍惚惚

前節至此、天地之奧理盡宣・雖曰羣眞啟示・而史筆之通靈不可揜也、

帝雖欲見廣成、而其制作未完・故洪厓亦或現或隱以逆之、然風后諸人既去治世之心、應自冷却大半、

五老邀洪厓入空同。會廣成子妙極至空同。見廣成子洞偏遇洪厓更妙、

覿面不識、而遍訪廣成、非帝之執見・正其專心求道處也、若學者尋師而云可見可不見焉、道何能成哉、

象罔無知而得珠。亦見人世知能求道時都用不着。

號之說此

少俞

○○伶倫作咸池廣樂、○○○浮丘教九轉還丹、

乃下山取路回涿鹿、群臣迎入、帝攢眉曰、前風后進去、於路又失岐伯、三子止見得洪厓一人、走遍萬里長途、歷盡風霜氷雪、竟不得見廣成一面、殊為悵怏、容成愕然曰、風后岐伯為經濟勞心、復歸山林靜養、是其素志、但洪厓即是廣成別號、可惜當面錯過也、帝曰、語言不合、全無道德、豈聖賢如是耶、容成笑曰、唯至德者不和於俗、焉可淺測而忽之、帝跌足痛恨曰、德薄緣慳、乃至於此、自是益修仁德、而天下愈治、時天師既去、醫藥曠職、以鬼臾區為醫正、雷公為藥上、建靈蘭之室居之、俞跗薦其弟少俞、能通周

伯高

身穴道經絡車區又舉其所知伯高專明四肢百骸所屬諸子各司其事究極義理人民由此得其正命泠倫自得洪厓揩教音律彌精兼通歷數消息乃取嶰谿之竹以空（仍歸到作樂）圓堅厚者截為十二筩長三寸九分聽鳳凰鳴效而吹之别為律呂其雄鳴六以定黃鍾大簇姑洗蕤賓夷則無射為陽律配子寅辰午申戌六支雌鳴亦六定大呂夾鍾仲呂林鍾南呂應鍾為陰呂配丑亥酉未巳卯六支冬至當黃鍾子月地氣始升以律管横理於淺土鋪灰於管孔之端氣自下升吹其灰動則知一陽復生以此候氣之應宮商角徵羽五音德合土金木火水以六律六呂節其上下

自此消息明閒餘正矣、復受祥、金隱耀之神、鍾於赤城、帝命榮後將首山帶同之銅、象天覆之形、鑄鐘十二、以協月節、和五音、與岐伯所作之鼓、爲樂之大者、又採荆山之石作懸磬十二節、奏衆音、删伏羲之瑟、用絃二十有五、泠倫教大容作承雲之樂、是謂雲門大卷、制鞉鼓控楬壎篪以導其和、按鞉鼓小而有柄、兩旁有耳、持柄搖之、兩耳還擊爲聲、控一名柷、狀如漆桶、方二尺四寸、深一尺八寸、中有椎柄、連底動之、令左右擊以起樂也、楬一名敔、狀如伏虎、背刻鉏鋙二十有七、以木尺櫟之以止樂也、壎燒土爲之、如鵝卵、銳上平底、似權而六孔、壎之爲言熏也、吹之能令陽氣薰蒸而萌動也、篪唬也、聲如嬰兒之啼也、篪斷竹爲之、長尺四寸、圍三寸、七孔相等、一孔上出、徑三分、凡八孔、橫吹之、壎篪二器最協、彼此相應、人以喻昆仲相和也、帝坐朝堂、泠倫率諸工陳衆樂於庭、合而奏之、翕和如一、

無相奪倫、清濁高下、如五味之相濟、連如貫珠相續不絕、
帝聞奏一成大悅、問此樂何名、泠倫曰、始以五雲紀官繼
有縉雲之瑞、名曰承雲、時癸未入十四年中春之月乙卯
之辰、帝以日正在奎始奏其樂、更名曰咸池、言其象天瀆
之包容浸潤也、進泠倫爲樂師、榮猨爲樂正、大容爲樂長、
其下皆爲樂官、帝嘗自鼓琴、作角音、學道士操精運神以
樂天眞、是歲秋、帝以所餘之銅、乃范造神鏡十有二、而合
十二律、陰陽各六、六乳四獸、變異得以占焉、後世得之、以照一切邪物、
消魄現形、俗呼照
妖鏡、亦曰軒轅鏡、帝自巡遊回都、惟養性愛民、推審音律、
不治兵革、於是諸侯無所禀畏、時有四侯國相結謀叛僭

①世吾

昌意

玄囂

稱帝號有巢氏後曰青帝無懷氏後曰赤帝昆連氏後號白帝昊英氏後稱黑帝不用朝命侵掠居民邊城日警帝歎曰神欲靜而心血朝沸治將爲火鬱矣（知之矣）知大封元孫世吾有武畧命代爲司馬世吾乃正四軍撥四將董之即一營壘而滅四國再定天下自此設兵衛立巡行決戰之規德威並施四海貼服帝嘗晝寢夢入華胥之國見其民上下相和怡怡自得旣覺愈自修德欲圖如此之政其後天下大治儼若華胥國焉帝初立四妃共生二十五子元妃螺祖尊曰皇娥生昌意玄囂龍苗二妃女節生休及清三妃彤魚女生揮及夷鼓四妃嫫母生蒼林萬陽一女名華

龍苗

休

清

揮

夷鼓

蒼林

萬陽

少女華

當頭一椽

衆妾之子十六人。帝立長子昌意爲嗣。最愛第七子清。九子萬陽及少女華。時呼其母爲九子嫫母。五子揮。性猇武藝。能斂絲作弦。張設羅網。是時造弓之臣揮已卒。帝見此子好射。故亦名揮。命爲弓正。主祀弧星。世掌其職。一日出郊射獵。見大鳥棲於高樹。一翼赤色。口噴烈火。（先見火鳥）揮異之。拈（後見二龍）弓射去。將近鳥身。矢鏃盡毀。驚疑間。空中有二龍駕一神人自北飛至。揮轉身便跑。從人驚散。神人下龍步行。後隨一赤身怪檢道童。背繫壺盧。直趕至殿前。揮喘息未定。神人大呼曰。已身殺孽已重。不思修省。更縱子傷生。違逆人道。帝見是老祝融。趨迎入殿上坐。載拜起居曰。祖師從何來見劣子違惡祝師曰別去初遊白闕之地蓐收神遇我甚厚北遊至從極之淵謁見禺疆知其徒氷夷黨惡弄兵得罪於我叱其伏地謝過復循路東遊途遇汝子故來戒之子亦當誠心祈禳稍贖前愆庶可得求眞道也帝悚然（逼出封禪）曰欲釋寃愆何法可禳祝師曰鬼神者二氣之良能也人能齋戒嚴肅祭祀以誠自能感格使寃愆潛消禎祥立致帝曰當禱於何地祝師曰昔天地開闢山川效靈故五嶽四瀆莫不應造化而生於混沌之初根陰陽以奠於坤維之位先有元始天王五世孫無上天尊赫天氏都於東嶽今之奉高一曰天孫謂天王之孫也數傳至金虹氏古歲得天

天符都官

王家傳心法獨修於東北長白山中、日久功成、太昊時、方諸東王公太華眞人召掌天仙六籍兼統世界人鬼等事、炎帝時多校量紀録之功、太華眞人賜號天符都官爲羣靈之府如得其號召天下一切神鬼遊魂幽魄大合而禱之自然福臻禍散矣帝大喜留祝師於靜室同思風后會言封祀鉅野可以獲慶岐伯亦言東封泰山合符萬國然後不死明日遂命有司造竹籩木豆俎杭盂盤器血令樂長大容演清角之音以侑享帝齋戒越旬始議起程容成、鬼臾區大撓黙如闗苞諸人皆願從時沮誦已卒黙如頗知篆文帝留代史缺雷公巫陽爲桐君采藥東南未回亦

以龍御車飛行四象可不拖殺

(旦)左徹

欲乘便尋訪、時六相七輔五雲、并諸司大臣、喪亡過半、或薦賢自代、或公舉補缺、惟力牧猶强健如故、帝悉委以大小政務、前大鴻從帝郊祀天地於雍、患病而卒、即葬於雍、其子徹、克紹父德、帝以爲左相、是爲左徹、與力牧、諸大臣輔昌意守國、帝同元妃皇娥、次妃女節、及五子揮七子清九子萬陽少女華、以四大象駕軺車、載樂部牲醴祭器起行、帝與祝師乘軒車而軺、帝怪象車遲滯、祝師暗叱二龍御之、大象行如飛、雷回顧後車杳然、忽風雨驟至、隱隱有一長黑漢、驅虎狼前走、車後陰霾覆地、中有無數斷頭折臂之魁、帝大驚問故、祝師曰、天子意誠、百靈效命、故大象

中華府君

駕車、蛟龍御轡、司禄負壺、畢方並轄、風伯清塵、雨師灑道、蚩尤與虎狼前驅、鬼神後集也、帝愈加嚴肅、不日到泰山齋宿巖下、侵晨虔脩祭禮、帝同衆步行由南而上、凡七十八盤、約四十餘里、帝就宿青靈臺十二日、燒燭於庭、謂之庭燎、然後築土為封、以祭天、除地為墠、以祭山、遂合羣神於大明之墟、設醴於丈人之峰、西南除八通鬼道、昭告東嶽天符都官、贈號中華府君、督召一切遺兵火沉淪冤鬼咸集、兩旁恭聽約束、帝命樂官奏清角妙音、一奏之、百鳥翔集、鳳凰來儀、再奏之、玄鶴延頸和鳴、大象鼓鼻並舞、三奏之、輕雲淡漠、瑞露氤氳、祭畢、散布牲醴於山、鳩投玉策於

清陽氏
螣蛇

鍾陰建墠亭以紀勝事作明堂以備巡行命子揮居守於此是為清陽氏時東土有螣蛇其狀類龍能興雲霧遊行其中聽聲而有孕種類極多攢食禾苗其國乃飢自帝大合鬼神之後螣蛇伏地不騰祝飾曰自此上下相和陰陽無間庶可問道空同矣帝曰五歷其三未得一見祝師曰同去鄒好只我欲會勾芒神有言贈汝汝可記之

四大皆空〇惟中不同〇遇浮丘公〇入太清宮〇

呼回祿駕雙龍入海東去帝攀留不及同眾下山象車仍遲行如故帝正欲周遊九垓忽元妃病殂於道後人以嫘祖遠遊道死以為行神每遠行祭之以保前程是謂祖道之餞命次妃監護靈柩還都召募長

①方相氏

律令

勇人、方相氏、執戟防衛、封阡陌將軍、後死爲險道神、一曰開路神、勅證果、召爲
雷部健兒、善走、能與雷相疾、號帝擬大半從人回去、帶諸
曰律令、呪云急急如律令、謂此、
由南行、各乘輕車疾馳、行三日至一澤邊、雷公下車自往
掬水解渴、忽翻入澤底、帝急令人撈救、屋上但聞澤中震
聲如雷、其人奔起曰、直沒至底、見雷公已化爲神龍身而
人頰、自鼓其腹而鳴、帝駭異良久、乃復前行、順濟水而渡、
路問容成、曰、祝師所言浮丘公、必先見之、方可、容成曰、傳
聞耒下牛渚之西、有浮丘翁者、試往問之、帝即遍邏尋去、
見磯邊坐一漁父垂釣、帝以浮丘爲問、答曰、是我隣舍老
翁、終年蓄鷄生息、以爲食、不見有異於人、問之何爲、帝曰

欲煩引去一見漁父即收綸前走轉至山下指明住處自去帝步升草堂寂無人聲候至傍晚見一老翁驅鷄百數而來帝知已是迎問曰翁亦勞乎翁曰身勞心閒乃役其形身逸心勞是淆其神吾子身心兩勞究爲何事帝見其出言果異揖至堂上拜問曰祝融老祖云我翁與廣成子有交知空同實境特求引進浮丘曰機緣未到只恐當面不識且先修二丹調其火候方可問也是晚止宿於後室浮丘談及祝融亦稱爲老祖帝問其根源乃知是神農叙次爲帝之伯氏帝復禮拜稱爲伯祖自是號浮丘伯明旦帝趨問二丹之旨浮丘曰得地得鼎丹道何難去南有深

山曰黟縈廻鳥道山厚水清是設鼎之地帝求同往浮丘
乃悉縱其雞於山之陽後名其山曰浮丘因黃帝宿此又名黃山北有山曰雞籠南有雞山
與帝同至黟山上有峯三十二溪二十四洞十八浮丘曰
應刪
煉地既得丹鼎宜求容成子曰前於首山得鼎三座未知
可否浮丘曰可凡修丹須在陽分月日時今正孟夏初旬
取鼎徃返恰當其時容成忙駕車馳去帝齋肅以待未及
半月容成載鼎而至浮丘見之曰眞美器也遂詰容成丹
理容成對答如流有未到處浮丘細爲開導教帝預備丹
物合丹之水須澄之月餘方可用也待至五月五日擇地
安爐餘人皆止山下只留帝與容成在山守爐靜鍊浮丘

得訣如是

先教於一日十二時中分作六候前二候運火中二候採取後二候温養行火至採取是性邊事採取至温養是命邊事勤修煉性静為養命成丹妙用踏在一時務要九九方能純熟故名九轉還丹服之延年益壽妙用無窮帝依法行之功夫已至金丹自成浮丘教以服食之法乃汲山頂清泉和丹吸嚥頓覺體健神清靈明活潑浮丘曰内外丹成可入空同問道但尋眞訪道須本人專心自求不可因人力而得子其自往可也遂欲别去容成亦願隨行帝曰天公何遽棄我耶浮丘曰噫人世聚散不常如日月之盈虧草木之榮瘁假若死期一至前能支吾片刻帝聞言

三訪廣成

深省點頭稱是浮丘又曰割愛離情方聞至道予欲乞汝之二子一女爲伴可乎帝即允從叮嚀子清萬陽女華曰汝等隨祖師入山須尋出頭路徑不可自棄也浮丘始説明廣成子實在汝河西之中空同此去必得見矣臨行大撓闕苞仍與容成同去帝恭送浮丘南行自與羣臣蹤跡至中空同過汝河而西有大澤周可百里帝立陂上四顧後名黄陂隔水有二童提籃採摘花果帝招之二童即駕筏來渡其行如擲頃刻抵陂衆登筏亦不覺小至中流問大貞在山否一童曰吾師在石室養静人不下山帝顧謂泠倫曰原意大貞與洪崖各别非即一人泠倫疑信相半有頃

良是可駭、跼蹐無地、

至岸、見紅紫滿山、時當秋盡冬初、宛似三春景象、帝奇而問之、童曰、此我師苑地、常令我等灌溉栽植、所以如此、帝陳欲見大貞誠意、令衆停於下、獨與二童行至山上、二童止帝於外、先入通報、帝鞠躬待命、半晌一童出召、隨至室中、遠見一人高坐於上、帝俯首進謁、伏地拜曰、久仰高風、幸瞻道範、萬望明以教之、廣成子曰、天子至尊貴、何爲屈身於山野之狂夫、敢命小童扶起、帝退立於旁、覷視廣成儼是洪厓容貌、驚得放口不得、暗思許多輕侮之意、皆爲洞見、今若屏斥、將如之何、只得長跪謝罪曰、下濁愚迷、徒聞道在空同、誰知遇而不識、秪因道號有殊、以致執心不

妙

阿呀

北虔可原

化、望大貞如海之涵、勿以往愆見責、廣成意如不知、帝載拜請曰、三界之內、惟道最尊、聞大貞達於至道、故不憚遠尋所謂道不遠人、人自遠耳、

一陽之氣、葭管飛灰可測、其候反求諸身、應復不異、視聽既來、黃帝之道緣近矣、

黃帝因除暴救民、尚招殺業、幾乎障道、常人之無端宰割、當復如何、

歷觀諸帝、惟黃帝製作甚多、而其得道亦甚難、非智巧之累耶、

既所問而責之

○○○入空同廣成授道　○○○陷鼎湖黃帝昇天

今造天都敢問大貞吾欲取天地之精以佐五穀以養民人官陰陽以遂羣生為之奈何廣成子曰噫而所欲問者物之質也而所欲官者物之殘也自而治天下雲氣不待候而雨禽不待族而飛草木不待黃而落日月之光益以荒矣而佞人之心翦翦者奚足以語至道帝欲再闢睡太貞閉目不語只得起身退出童子送至洞口日已銜山乘月色慢步下山衆人在行幄見帝步回迎入問曰太貞之道何如帝謂泠倫曰昔在嵯峨唐突洪厓原來即是大貞遊戲今日不肯啟示明早須得吾子上山探之泠倫甚喜

指出病根

怎處

頗有此人

樂集時、即擦衣上山、帝候至日晡、泠倫始來曰、大貞恐帝
心不誠故耳、今命我須習鈞天大樂、候樂成時、便有機會
進言也、前於浮丘居旁鼓吹山、取得紫竹二竿、欲帶去製
爲簫管、遂擔竹辭去、帝欣然而待、因移衆屯於山陰石窟
左右一山並峙、宛如蜀之峨眉、帝常登之眺望、在窟中席
坐白茅、布服籜冠、蔬食斷醴、喟然歎曰、微幸得聞大道、將
捐天下、築室於斯、以爲終老、一日報有甯生求見、帝延入
即陶正甯封子、再拜呈上丹參糕一匣、云師尊念帝好道
誠篤、命餽此糕、以喻證道之高也、帝拜受稱謝、留坐談論
三日、甯生告去、帝思其玆近接空同、黃帝等必與大貞有

交或可浼其相勸遂同衆登具茨遍訪大隗氏黃蓋不得復遊至襄城採首山之銅千鈞以大輅載之所掘之處成坎後名蛟龍池西至伊水之陽溪中有山洞口水瀑如簾山頂有雲如幕又名雲氣山鬼臾區留隱於此帝亦任之厚贈衣糧後稱鬼谷子帝退居夾山靜候三月又值新春時序一夕忽聞樂聲響徹中天帝起聽之喜曰機緣至矣夜半從山後步上至洞口採望許久無人行動緩步至二重門仰望堂上獨見廣成子南首而卧帝順下風膝行而前稽首而言曰弟子愚蒙竊思至道願大貞肴其枉瞽敢問治身奈何而可以永久廣成子蹙然而起曰善哉問乎來吾語汝人之修持不

假外求。惟反諸身而已。以手扶帝。帝起立榻半。廣成朗聲宣颺曰、

至道之精。窈窈冥冥。至道之極。昏昏默默。無視無聽。抱神以靜。形將自正。心靜神清。必清必靜。毋勞爾形。毋搖爾精。毋俾爾思慮營營。耳無所聞。心無所知。汝神將守形。乃可以長生。慎汝內。閉汝外。多知多敗。至陰肅肅。至陽赫赫。赫赫發乎天。肅肅發乎地。我為汝遂於大明之上矣。至彼至陽之原也。為汝入於窈冥之門矣。至彼至陰之原也。天地有官。陰陽有藏。慎守汝身。物將自壯。我守其一。以處其和。我故歷修一千二百餘年。吾形未嘗

衰老。彼其物無窮。而人皆以爲終。彼其物無測。而人皆以爲極。得吾道者。上爲皇而下爲王。失吾道者。上見光而下爲土。今夫百昌皆生於土而返於二。故予將去汝入無窮之門。遊無極之野。與日月齊光。與天地爲常。當我緡乎。遠我昏乎。人其盡死。而我獨存焉

帝再拜謝、教廣成起而邀帝坐於左、更談玄白異同之說、授帝陰陽經、自然經、道成經共七十卷、携帝遊太清眞宮、皆百寶裝成、煒煌奪目、金碧爛然、設宴其中、廣成拱帝入席、令玉童奏樂、金女擎盃上獻、筵中異味、何殊炮鳳烹龍、絕勝山珍海錯、廣成傳呼泠倫陪宴、泠倫拜罷、傍坐賓主

共飲醍醐、直至斗轉星移、留宿後閣、明旦帝盥漱整冠服
升堂拜謝、廣成曰、午前偕子一遊南宮、命推出編艄輦車
不御而行、挈帝登車並坐、嫌大陸遲滯、令帝合眼勿開、召
龍駕之、憑虛而行、帝聞耳邊風響、動挈如飛、偷覷板隙見
有二龍舞鬣張爪夾輔兩旁而飛、二龍覺人窺視、脫轄遁
去、車忽下墜、浮於水上、廣成曰至矣、同帝登岸、見此湖在
山頂、一望浩漫、今湖中有編艄底板、人或動之風雨立至、帝隨至宮中、皆碧玉
爲臺、蓮珠爲殿、到處有童女供奉飲饌、應酬使令、廣成曰
此子之前宮、即南空同也、復引至山陰眺望、竟貢二水合
流之間、有十八灘、水中似石嶙峋、左顧山下一池中多竹

石有六鳳凰棲止、廣成招至巖前、飛鳴旋舞、因顧帝曰、汝
雖聞道、俗骸未脫、故神龍避影、彩鳳難乘、宜去靜中修養、
鍊盡重泉濁氣、始得飛昇、子且暫留於此、我回中宮、使泠
倫救卬眾人、便來迎子、候子鼎成時、再會於寥廓之境、然
立鼎須擇厚重處、庶可載也、言訖、跨一丹鳳、望北飛去、帝
在南宮日與童女輩調琴、林下放寉峰頭、陶養性情、不覺
月餘、遙見贛水上流有二巨舟揚帆南下、漸近聞奏樂之
聲、帝遣二童下探、少頃領數人進見、乃大容、榮後、率御從
諸人、具述泠倫云、帝在南空同靜養、并教臣等鈞天之樂、
仍自回山、臣等從江中至此迎接、帝歎曰、廣成之謂天矣、

予初受天姥之符籙圖局、佐成功業、郎位十九年、始闡虞
成子名於今又八十一年、已滿百年之期、至道雖則畧聞
鍊真實所未識、昔雲陽子隱甘泉之茶山、善導引術、盡往
拜訪求其指教、當時離南宮登舟、由章水而入、猶川至甘
泉上、屋此山有七十一峯、紫微峰為第一、拱揷雲表、如一
片紫茸、尋至一洞、石門半開、內有石榻、石几、鐘磬具備、深
邃不測、不敢造次而入、乃大陳牲醴虔拜、埋祭物於山陰、
帝欲覓鑄鼎之地、遂乘舟北至青草湖、湖多青草、故名、是湖南接
湘漢、北連洞庭、東納汨水、注洋瀰、頃遙望洞庭日月出沒
其中、帝令艤舟於湖中之荊山、蘇盡於山、在將背山所採

人謂黃帝、鑄九鼎乃刻心也、更自思鼎為何物

之銅鎔之、作範以鑄、取方竹為炊、九晝夜、當八月既望、而成矣、鼎者三、以象太乙、能輕能重、能息能行、存亡是驗、吉凶可卜、再欲鑄時、忽山搖如顫、波湧如潮、帝知湖山氣薄、不足以載、運入巨舟、水波不興、山光如練、現一輪皓月、轉過龍堆、有光如火、炬沖起、照耀同晝、帝攏舟逼視、是一老蚌、展片殼如帆、吞吐明珠、與月競采、知有人來、噴水而沒、巨舟幾為激覆、帝驚曰、江湖險地、無可憑依、即捨舟登陸、大容曰、臣得泠倫之授、互參入咸池樂中、其音韻雅、與之相和、試一奏之、帝曰善、遂登湘陰之山、張樂於洞庭之野、大容榮後率衆樂工、始奏、百鳥和鳴、少焉白雀數對成行

爲法皆空

旋舞於空、既而隽兩山長髮、和風習習而至、帝大悅、命收

拾起程載三鼎於大輅、一路掀撼如地震、行過天柱山震

動稍緩、至太華山其動更緩、帝上遊華嶽與西嶽府君

神明相過、夜宿山上、得龍蹻經視之、中有蚩尤道神之道

帝謂諸臣曰余昔考推步之術於泰山、稽著體診之訣於

岐伯雷公、講氣候於風后、窮曆度於容成、究殘陽緩金治

之事、畢該秘要、精研道眞、陰符則內合天機外合人事今

吾將息駕玄圃以返余眞、可爲吾將兵法勝負之圖六甲

陰陽之書藏於北之苗山、將泰壹所授諸秘是皆易形變

化之法還藏於空同之巖、專事於一不務多求也、諸臣知

帝有得、拜問道要、帝即宣言曰、

養心服形　神遊惺得　道非外求　入門返根

神視氣聽　象罔得珠　無道得道　不言不知

通一貴一、　不知真是　牧馬去害、

皆再拜受教、行至洛南一山、停驂造飯、忽有祥雲四合彩鳳口銜一匣、飛至擲於帝前、向南廻翺而去、帝啟視中有天篆文冊、龍甲神章共一十八籍、帝讀其辭畧曰、

飲啄不止、身不輕、思慮不止、神不清、聲色不止、心不寧、心不寧則神不靈、神不靈則道不成、其要妙也、不在瞻星禮斗、苦己勞形、貴在湛然方寸、無所營營、神仙之道、

將來諱玄扈

以頁坤爲蹠藏深知精土之義

乃可長生、

帝曰此清靜無爲之道也、并龍蟠經藏諸行苟因名其山曰玄扈帝一路服氣錬神又行數日回顧華山已遠草叢中忽鹿羣奔出前一鹿揮尾導引帝命衆趕去羣鹿散逸、有三頭大白鹿在寒門谷口伏地不起帝異之重驅乃去其卧處皆碧時方月暖烟生如蒸試掘之得藍玉三方帝思石爲土之髓玉爲石之精其地必堅厚乃產此良玉命抬鼎各隨卧處放之安如磐石帝大喜擇重陽日起錬自歎曰鼎既成地既得日既涓只俟點爐人來矣諒大貞必不欺我况太師公等亦曾許我來會大丹指日可成若與眷屬同服、只爲飲、命內臣數人、乘小車星夜疾馳到都迎取三妃四妾、及平日玩好之物、諸子悉留守國、往旬日載妃妾玩好而至、帝接見甚歡、曰何神速若是、正持征蚩尤時、臣揮所造長䂓弓、撫視小臣奔告、鼎忽搖動、帝挽弓在臂、同妃妾往觀、三鼎皆陷下及腹、帝長歎曰、世竟無立鼎之地耶。俯視鼎漸下沒、正在驚異、頂上忽垂下一物、其形似蛇而四足、徧體金光、張牙怒目、頷下垂一部鬍鬚、衆益驚惶、帝獨識其爲龍、遂蹲上所陷鼎耳、手攀龍角、飛身乘之、良久不動、若有所待、帝知龍來迎我、呼妃妾齊來、帝皆援引而上、騎坐前胯、羣臣見之、亦相率上附、攀鱗緣尾

西 酉 吾 明

而從者共七十二人、又有小臣二十人、悉持龍髯、龍忽飛
騰、髯拔墜下、帝急援不及、悞脫臂上長弓、只得舉手辭別
小臣望帝既去、乃抱其弓而號、後名其弓曰烏號三鼎皆陷下成
湖、後名曰鼎湖、帝在位百年壽百三十有一歲、衆奔歸都城告
知諸子臣民、聞皆痛哭、時力牧已卒、朝政俱委左徹掌理
、徹請先立嗣君、後議喪葬、黃帝之子二十五宗、得姓者十
二、姬酉祁巳滕葴任荀僖姞嬛依、唯玄囂與蒼林同已姓、衆妾子中大酉小酉同
姓、元妃所生三子、其後皆有天下、龍苗生融吾、融吾生弄
明、弄明生白犬、是為西戎之祖、故曰犬戎、[illegible]姬所生蒼林
嗣、父姬姓、徃來母家鬼方氏、後生始均、是為北狄之祖、妾
子二酉、雅好文字、後入歸藏中、擬取圖書冊簡、南匿於五
溪之烏逮山中、窮年探討不出、
分居於東西、民山名大酉、小酉、左徹與衆迎帝之長子昌

意即彷昌意曰嘗聞大德難繼予雖嫡嗣自審才劣況又擢背豕喙不可以爲民表宜擇德望者承立予得沾其惠焉遂築一城於秋山陽之若水自統眷屬降居於此與諸侯等（今大名府有昌意城）徹乃推帝第六子玄囂時年二十六亦以君國宜長遜而不受降居於江水（在安陽故城古江國也）徹曰嫡既不立次當及長乃立三子休政事皆委左徹裁决首議營葬取帝之衣冠劍舄五具一葬防山壽陵（帝生時預築於曲阜）一與先妃合葬於鄗城西南上築祀臺一葬中條之北靠陵曰卧龍以其與風后相親一葬洛陽翟道與鼎湖昇天處適脉一葬北道子午山兩山南北相對上設橋梁以通往來

亞陵皆曰橋山謂其巍高而中空也左徹復取帝之服御

帝休

几杖建廟而祀奉嗣君率諸侯歲時朝祭按子休僖姓有

有鴻氏

鴻氏亦號帝鴻母方傫氏感摭晶而生正朔服度一仍舊制初黄帝封泰山三年大旱草木零落時人謂之乾封有鴻氏因旱焦思抑鬱成病二年而殂徹等治喪成禮立其

帝魁

子魁母任己感神而娠生而尚文善著述厥後孔子求古史得帝魁之書

任己

是立數月亦殂徹復備法駕至若水迎昌意昌意堅執不允徹南至江水尋玄囂遇於長林相勸久之玄囂始從登駕至壽陵下車伏地而泣即帝位於曲阜之北邑於窮桑

窮桑氏

故號窮桑氏是歲次交己卯帝己姓名摯一作紀姓名質母皇娥

感大星如虹下臨華渚之祥而孕、是後遊歷窮桑之浦、有神童容貌絕俗、自稱白帝子、即太白之精、降乎水際、與皇娥讌戲、並坐撫桐峰梓瑟、皇娥倚瑟而歌曰、

天清地曠浩茫茫、萬象迴薄化無方、浛天蕩蕩望滄滄、乘桴輕漾著日傍、當期何所至窮桑、心知和悅樂未央、

白帝子亦答歌曰、

四維八埏眇難極、驅光逐景窮水域、璇宮夜靜當軒織、桐峰文梓千尋直、伐梓作器成琴瑟、清歌流暢樂難極、滄湣海浦來棲息、

歌畢忽不見、皇娥異之、是夕產玄囂、及此羣臣立之、正符

其瑞適有五鳳飛至玄鳥遺書百鳥咸集帝因以鳥紀官立鳳鳥氏爲歷正玄鳥氏司分伯趙氏司至青鳥氏司啟丹鳥氏司閉又立祝鳩氏司徒雎鳩氏司馬鳲鳩氏司空爽鳩氏司寇鶻鳩氏司事五鳩鳩民者也以是協輔宸猷閒參國政

老子之道其用有內外以之理國則富强以之理身則延益黃帝既見廣成猶以治世之道爲問入世之心可謂深矣

前浮丘與帝煉丹於黟山爲巳身求度也此處復立鼎安爐爲世人說法也嗟嗟茫茫大地誰爲載道之器

○除邪祟末眞降世　○○臧夜乂王倪建功

又有鷦雉氏為太正鶡雉氏為治正翟雉氏為庖正鶅雉氏為水正鷩雉氏為陶正五雉為五工正使之利器用正度量又立青扈氏趣民耕種夏扈氏趣民芸耔秋扈氏趣民收斂冬扈氏趣民蓋藏棘扈氏掌民百果行扈氏為民驅鳥宵扈氏為民驅獸桑扈氏趣民養蠶老扈氏趣民收夜麥九扈為九農正扈桑扈青鳥之類俗呼竊脂天子駕出則有隨從者遂獸擴行謂之扈從各守廼職帝為窮桑卑薄不堪都邑乃察泰岱以東位居

青陽氏

少陽憑負山海遂遷國東道胙土於青自號青陽氏以兄揮常張羅以取禽獸賜姓張氏作鸞鳳書文章衣服取象

毋句氏

古文造立建鼓樹木為三柱置鼓於趺上而鼓時毋句氏鑿碧石板如雲篆懸簨上擊之名浮磬通山川之風命樂師作大淵之樂和以鼓磬奏之以諧人神又號九崩帝以宮室卑陋聞大庭氏堂殿巍煥復都曲阜往來載物駕牛車而運明年昆吾士人報山石皆化銅鐵可鍊為器帝採試之鋼玉如陶瓦以有金德衆尊號金天氏帝憶父昇天

少昊金天氏

酷信陰陽鬼神能修太昊之政時稱為少昊又以西為少顥色尚白又號白帝

白帝朱宣氏

朱宣氏帝御世諸福畢至民皆信惑常殺牲祭祀初越裳蓍屹山有大小五峯屹立雲表一外忽雷雨攝一卵入山西中產一女歲久有交阯蠻過海採香因與

黎母

九黎

白日怪

玉眞娘子

隨應子

為偶生九子皆雄壯女嘗謂我乃婺女星下降遂自號黎母後為黎人之祖九子是為九黎生育蕃庶成九部落分據西南夷地教民耕種漸致富彊見少昊衰髦欲乘隙作亂時有白日怪高丈餘彷彿龍頭人體金睛閃爍紅髮撩示呼聲如崩吐黑氣人物遇之便四灑腥血棍棒不能犯衆民驚懸又有鬼火飛來旋變人形渾身黑魋能姦人子女被淫者即口吐黃水身長毫毛河陽民家忽飛入小燕近視乃一數寸長美女其聲嚶嚶云是上方玉眞娘子奉隨應子命來人間禳除不祥衆人羅拜求救玉眞曰晝張弓矢遠射夜布白灰於地如弧矢形大怪見必懼走遇飛舞小怪

削竹稍作箆仰空揮擊即墜地現形急飆於瓮中投諸深淵言訖苒苒而去當晚依法行之果驗四遠傳播各備弧矢竹箆大怪潛形撲下小者皆鳥雀蛟蛇猶猿雉兎之類由是怪異少息然信奉鬼神尤甚九黎乘此亂德教民尸祝之術選男人有恒心能齊肅奉祀者為覡選女子之精爽不携貳者為巫能使神靈不時降臨其身憑說災禍以誑惑斯民乃為之薦祀求生祈福免咎天下靡然從之相懼以神相惑以怪家為巫史民瀆於祀災禍轉復薦至少昊憂而病劇元妃生倍伐蟜極次妃生般時為工正督制弓矢亦主祀弧星封於尹城帝有妾子四人曰重該脩熙

倍伐

蟜極

△股
十重
十該
十修
十熙
◎高陽氏顓頊
三昌僕
白韓流
三阿女

各有所司帝嚳諸子非撥亂之才素知兄昌意次子高陽通達事理權宜應變堪當大任乃先降處長子倍伐於潛淵始遺命立高陽為帝少昊是日即崩在位八十四年壽百十一歲其神常降於長流之山主祀為秋故稱西皇羣臣遵命迎高陽居喪三年癸卯春築城於昌意故城之東始遷都即位於此曰帝丘葬少昊於雲陽山安其后妃諸子於曲阜帝姬姓名顓頊言能專正天下之道父昌意娶蜀山氏女其母送之曰汝當順事昌君毋少懈命名昌僕一曰景僕言景從如僕昌意降居若水改為濮水昌僕善執婦道生長子乾荒於濮之上流乃曰韓流其像豚止豕喙麟身渠股娶洋子之女阿女亦蜀山氏又曰河女出居流沙東立

女樞

玄帝

句龍

蔫

爲司彘之國、後裔爲佰捷氏、昌僕居幽防之宮、一作幽房、觀天樞之末、忽發瑤光如蜺、貫月正白、感而成孕、故又爲女樞、懷十一月生帝於濮水之陽、首戴干戈、有德之文、謂其能高大、濮陽故名高陽、自幼敦敏、年十歲便佐少昊、治政、封國大雄山西在保定高陽邑、年二十踐祚、是日濮水不揚、文龍負圖而出、遂以水德紹王、又稱玄帝、因圖作科斗書、制戒盈之器、著復禮之銘、帝知少昊四子能司金木及水、以重爲木正、曰句芒、該爲金正、曰蓐收、修熙二子代爲水正、曰玄冥、冰夷、炎帝十一世孫句龍能平九州、辨土地之宜、用爲土正、使教兆民、後世祀之以配社、是爲后土、慶甲九世孫名蔫、克纘祖功、用爲火正、又曰祝融帝因九黎未平禍亂不息日夜焦思是夏有黃衣童求見召之昂然直入帝問何來荅曰我從南宮會隨應子云爲世間怪異疊見今玉真降示致被九黎藉口邪說惑世鬼怪愈興我特來爲民革害帝遜坐問隨應果係何真童微笑曰即汝祖黃帝九九年來備歷艱辛始得拜見之廣成也以其隨感而應故改稱焉昨又改爲至精子言道德至精微也汝祖初上峨眉路經具茨予曾代黃蓋獻圖之王倪也帝竦然起敬曰方今禍亂紛乘享祀既不可憑我師何以治之倪曰鬼神者誠敬則禎祥隨至媟瀆則災禍立生正論間南郊報有小兒怪每日成行出遊皆

支離怪

方諸大會

借此一來爲關鍵

毋夜义

义手跳躍骨節振響人或吒之跳至身上作弄以棒擊之不懼有投之枯井與流水者明旦復來將裂其肢體墮地復合倪曰此乃支離小怪自後擒住以二石臼緊合縱火煨煆原形畢露矣帝命依法處治是一堆白骨其怪頓息帝愈敬信倪謂曰度索蟠桃正熟我去南宮覆旨將與三（引入蟠桃會）界聖賢八方仙衆赴集眞大會也抖衣起身帝步送西郊握手話別前村轟然有奔告者云一女人緋裙披髮袒膊跣足走如風疾每夜來誘男子啗其精髓今復白晝現形衆人吽喊閃入大空木中倪曰陰霾中常有飛天夜义數千此毋夜义也若不早除爲害甚毒折竹枝化弓矢搽木

爲利劍引至西村、劍揮大木平截、母夜义騰空而上、倪作
飛步法趕入碧霄、柚矢張弓向夜义背射洞貫前胸、從空
墜於桓水之西、其脂肉化爲一山後名西傾肢節所陷處皆爲
河道、後名洮河東入泯山合流倪以弓矢木劍擲下、西人拾之照式環
削初在山野較獵、後以之侵殺、亦天意使然也、倪在雲端
見南天祥雲五彩許多仙衆前來、爲首南極赤精子同祝
融宛丘女媧浮丘廣壽諸眞、倪趨前相見、祝融曰未識黃
帝遊息何所、壽來均逢良會、倪曰始在首山聞容成常言
甌東華蓋山雅致、每欲隱此、帝與之契失在彼處棲止、乃
請衆先行、逕至華蓋洞有二人就是大撓鬩苞即問汝師

惟顏帶髮可往都會處一廣見聞大撓曰、今蚕赤松師邀帝去度索作會、陪侍去矣、倪謂祝融曰、君往敎至精大師予到具茨請一道友、祝融至空同、見女童詢時、云已赴會、祝融躊躇、見倪獨至、問時、倪具述所以、方知帝之少女華南遊至浦江之陽、有山五峰揷天、上多異草、就居此修眞、故山曰仙華、峰名少女先是桐君隱於富春、一峰陡立、下瞰清溪常出採藥人異之、問其姓、則指桐木以示、因知爲桐君、云凡山溪盧邑皆以桐名、女華出遊相値、遂如隣比、至容成來棲華蓋更有親傍、帝鼎成時、乘龍往會容成知少女在仙華、悉以后妃眷屬安置於此、自每乘龍往來、適赤松約赴

方諭郎邀容成同去復於雲夢挈鬼臾區南去雲陽請僊
佺並駕至空同取齊經具茨邀黃蓋入王屋請玄女欲
拉風后玄女謂其道業未精且俟後會帝不敢强乃隨衆
南行赤松子順路約得大庭氏惟白石生不喜颺遂故王
倪所至皆空復挽祝融大庭西至峨眉遠望洞門緊閉近
叩之有童啟曰師在白玉樓與鎮元師叔講論適甯封赤
將出引入相見倪曰二公静坐談玄懀俗客來擾乎太乙
曰吾弟鎮守元神未能變化教其建火雲樓於西土煆煉
其中仰承仙旆下降正欲問祝師之妙用祝融曰公弟賦
性堅剛皇人自然澄澈中和之氣屬於王公煆煉之功還

憑野老、但得曲宜參贊、就成品格也、五行之中木位居東
今度索有桃木本蟠如龍實大如斗名曰蟠桃三千年一
熟食之者壽與天齊謹邀二位同享奇味太乙即與鎮元
起身分付諸徒守洞乘雲而行見一人飛行至前恭手向
祝融曰前蒙黃帝設享岱宗眷屬俱沾宏惠皆君所賜祝
融省曰君非東岳府君乎曰然也太華大帝令往邀金蟬
家兄四岳諸姪少頃邊陪也五真至無涯之際有童數對
凌波迎至云大帝在青城外恭候指曰轉度索即是方諸
片時見銀宮金闕紫府清都青雲霞處木公拱立相迎冠
三稚之冠服九霞之服前有金童引導玉女散香十路紫

雲為蓋碧玉為堦綠衡為砌真僚仙官巨億萬計各有所司禀命效力五真既至紫府上玉陛羣真至階前迎入拔比交頌父報金蟬四岳在外木公振衣出迎携手而入宛丘笑謂曰天上高真降久止候子耳金蟬惶謝入與諸真行禮退坐於左金童捧簪文既盛蕙香茶送遍滿座各舉目四觀有乍會者互通名氏仰仰企之慕久交者睽違歲月致懷想之誠座中一位金仙八寶蓮冠純黃鶴氅髯分五縷鳳目龍顏衆仙認不得赤松擎拳向上問曰面四衣黃上真道鄉寶號望賜敷宣天王曰往昔始陽劫時黃老元君與予欲興崇道德忠得一位理持萬法者偕遊昊天

有妙樂國君后皆好善誠篤元君將所握靈寶玉如意吹炁化一嬰孩抱送於君后懷孕朞年於純陽真火之歲誕於王宮生時身寶光穆充滿王國色相妙好觀者歡喜幼而敏慧長而願善於其國中所有庫藏財寶盡散施無所依怙等類衆生仁深德溥通國歸仁遐方感化爾後玉崩太子治政俯念浮生宛夢修持宜早勅告大臣擇有道嗣位遂捨國入普明香巖中苦行真修歷百年學業頗成常思學道爲羣生故乃行藥拯救疾苦令民常生安樂二百年普濟於世得予指教啟諸道藏演説靈章即能恢宣正化闡發神功幽顯均沾弘澤再歷三百年忘身殞命忍辱

無爭又二百年餘予始彙集羣真降度飛昇天界證位金仙、初號自然覺王次曰昊天上帝爲三才主宰掌一切鈞軸天王復指黃帝曰上帝從中天統樞上昇之時當春陽九日南土適感孕於汝此正氣之有源委耳衆皆恭敬讚歎天王又以黃帝號尊不便因進道號曰應元眞君官吏報請入席木公邀羣眞轉至西首巍峩一殿扁曰青提殿其中宏暢光明滿設筵席木公恭揖入座黃老首推元始大王轉遜黃老黃老曰予傍主迎木公扶元始上坐失推至精玉晨自然覺王斗父斗母上元夫人后上三皇兄弟三十三人三元等天上諸眞然後黃老赤精水精太乙僊

佺廣壽玄女赤松祝融鎮元黃蓋金蟬五嶽宛丘女媧浮
丘王倪應元容成鬼臾區圭齋木公金母共七十一位其
中有君師祖父伯叔兄長俱習一無禮嗟然後依次坐定
惟聞環佩鏗鏘但見衣冠濟楚仙樂悠揚盤盂精潔王母
親自設廚手擗龍脯鳳腊豹膽麟胎調[illegible]羹味令侍女上
之又和入珍合味香湯以進仙吏執冰玉壺頻斟柏葉酒
瀉於玻瓈盞色如翡翠羣仙開懷暢飲金臺分張樂器作
扶桑仙樂聲調清雅聽之神爽既畢木公謂羣真曰余為
度索桃實正熟故邀佳賓共食當令小童摘供以侑一觴
至精子曰此桃得先天之氣食之者後天而老得與此會

試思桃實
玉膏何品
能固我命
常而長生

誠厚幸也偓佺曰可能移席到彼於樹下暢飲否鎮元金蟬曰子食松實而眼方復欲啖桃實而蒂固也木公呼官吏安排秖候皆起身出殿首經瀛洲其嶼有玉膏如酒常人飲之可令長生當時過碧海履弱水木公指曰此微茫一點是度索山其上覆蓋者即桃木也羣眞縱雲至山之西南石壘一門步入仰望大桃樹葉條茂盛果實纍垂枝幹相交蟠屈三千餘里卑枝罩地如張大蓋與日玄都稱盛原從蓬島分栽

少昊酷信鬼神即召紛紛怪異妖由人興於此益信

觀玉眞王倪之下山皆隨應子救世婆心激切安得不

推爲仙眞鼻祖、

毋夜义吸人精髓、王倪滅之、大是快事、第後世之吸精髓者、而人恒不以夜义視之、且親之愛之、雖至喪身而不知避。王倪杳不復降、豈謂自投死地、不屑救之歟。上帝具最上根器、尚積功累行若此、世有片善自矜妄希非分者、咸當猛省。

此節將証果諸仙共作一會、借蟠桃果熟、見証果之意、敘次錯落、筆機生動、恍若躬逢其盛、至其承上起下處、仙凡互派、如沙中檢金、閱者當自得之、

鬱壘
神荼

新刻黃掌綸先生評訂神仙鑑首集卷之三

江夏明陽宣史徐衜述
汝南清真覺姑李理贊

林屋玦樓秘本

○○○開紫府青帝延賓　○○○醉蟠桃祝融奏曲

有二大神來謁口稱小神有失遠迓玄女問二神何名木公曰一名鬱壘音律一名神荼兄弟二人惟能執鬼山有二門西南曰神門神荼守之凡有邪神入山偷桃以木劍砍其項桃枝貫其腮投海中與毒龍爲餌東北曰鬼門守以鬱壘若貪饕之鬼上樹殘食即以葦索縛之射以桃弧投山坳與猛虎食之俱以十壯士爲副衆視之果然雄風赳

赴木公曰先一童氏靈眞子居此常食桃膠已成道遣服
他役矣爲命青衣女童二十對提籃荷鐮從曲折處飛騰
樹杪捷如小鳥頃刻躍下向篚籃中探出薦於金盤太如
盎斗色如火焰匀二十五盤令玉女捧獻羣仙剖而食之
甘美非常核可盛二升許遍擲於地（後千年自成桃林）宛丘曰盛
筵難再後會何期（逗起後會）未知桃熟又幾時也金母曰凡世果品
皆春華夏實至秋成熟者多惟此樹千年開花千年結實
千年始熟三千年方得一食此桃已三熟矣在初熟時子
摘數顆回崑崙沉核於瑤池赤水之旁漸自萌蘖抽條布
葉其枝幹從小如虬龍蟠屈及長交連千里至理鈎刼中

九源之人
開明天獸

始發蕋吐花正憂鹿啣蟲蝕蝶採蜂殘有九源丈人者爲方丈宮主領天下水神及陸精水獸蛟鯨之類以開明天獸撥來供役余令照守九門又得精衛棲止樹上賴無虧損今結實如拳再俟千年紅熟嘗與諸道翁過我也羣仙歡喜稱謝水精子曰前次桃熟時承王公遣吏送至須彌黃道長邀我同享棄核於八遐發生暢茂近日不知如何黃老曰前報洞口桃木試花含葩將綻昨下山赴會已爛熳馨香呼童好生護守至結實之秋正瑤池成熟之候逮余啟筵之後又輪王公作東之期如此周而復始只千年可圖一會也衆踊躍大喜時夕陽倚山木公邀至樹陰處

不必布坐舉盃更酌海波中湧一片氷輪照耀如晝對此清景絕致愈豪半酣不禁聳身起舞抱膝長吟赤精曰祝融若能聽鳥聲作歌何不當筵一曲以助幽賞宛丘曰對（又起一波）客清歌誠爲韻事若允賜教余與女弟鼓樂和之祝融微笑宛丘索樂具來用金童取至女皇捧瑤笙浮丘自出葦籥吹之宛丘遞鳳簫於太庭氏授錦瑟於王倪自鼓離徽之琴衆音始作應元眞君喟然曰惜泠倫之不在也至精子黙按象管於海化白魚而逝西南角早有人乘鶴吹管飛來頓覺衆樂和協應元見是泠倫喜出望外泠倫至至精前緻旨令其朝見羣真振衣欲拜羣真命坐木公覩狀

一桃與之食畢遂同調音審律伺候起歌祝融即手拍擊節而歌曰

惟至人兮開洪荒柄生成兮位青陽敞紫府兮碧雲鄉毓靈根兮歲月長召眞侶兮盛筵張薦奇果兮甘且芳羅珍饌兮進霞觴霞觴醉兮發清狂調絲竹兮叶宮商開心顏兮樂洋洋隨人世兮幾滄桑願聖壽兮水無疆

各讚羨不已赤松子曰聆此妙音當醉臥月明中也木公呼童過進巨觴五巵曰今日之會可云樂矣然不可極我等亦宜告止衆白唯願隨丈者之後木公固留皆離席辭謝頃刻渡碧海至尾閭見水縈廻注下無底徑問之木公

桃康

曰前有嶠白陰蹻上通泥丸頂下徹湧泉穴是爲天地根生死戶復命關也有神名桃康主之常守弗離日飲泉水嘿嘿如醉使眞氣永聚故其處水中火發雪裏花開衆聞之猛省復至方諸見紫府西有臺高聳停步問何爲而設木公曰余與金母共理陶鈞分治東極統三十五所司命以隷天上人間罪福余爲大司命總統之化東華至眞之氣結成此臺曰東華臺余以丁卯日登臺觀望學道之人凡天下男子登仙者名籍悉所掌焉羣眞朝謁紫府名義木公曰踞三島之間較量羣仙功行轉劫昇天之所仙有九品一曰九天眞王二曰三天眞皇三曰太上眞人四曰

飛天真人五曰靈仙六曰真人七曰靈人八曰飛仙九曰仙人凡此品次皆由遷轉靈官校品真仙所司自地仙而至神仙神仙而至天仙天仙而轉真聖人虛無洞天凡三遷焉皆予主之始昇之時必先拜予次謁金母受事既訖然後得昇九天也羣仙謂予主少陽九氣化生萬彙位鎮東方君牧衆聖爲生物之主又謂帝出乎震皆呼予爲東華紫府少陽帝君元始曰二儀未分溟涬濛洪五老上真役陽御陰移古就今校量水火定平劫數予始與東帝戡理萬機爕調二氣自予歸玉清之後大帝運神獨斷予嘗思所以分任之道今幸會集於此予試剖分之乃召三界

十方諸真曰東華帝君法天地洪恩考校羣生爾等當左右以分其勞三元五嶽皆俯首言願受職元始曰爾三元地位雖則清高功行猶宜建立方今世道下移民情澆薄惟知刼奪爲先孰識禮儀相讓汝等下降人間必須一德相傳使後世知揖讓爲美又謂五岳曰亦當輔翼元功佐司玄化或教以禮樂或導以法度或利之以衣食或齊之以刑罰使民去邪而歸正教化之功莫大於此俟爾等行滿歸元再膺天爵金蟬方事清虛怪少子惲嬉年少未諳告回嵩山自鍊下方水土之事專委下元兼理元始允之木公將所餘之桃分贈羣真與仙棗一嘗羣真曰使上下

清風
明月

均沾恩何溥也鎮元謂太乙曰我萬壽庄只有清風明月二童兒處有小子章甯封赤將諸人携歸可作家宴以榮東帝之賜容成曰求一枚與大撓關苞剖食足矣應元眷屬衆多非二三顆不可應元謂浮丘曰吾師挈二小子南遊得一見以慰鄙懷否浮丘曰受託後安置於南之中宿峽中貫蜀江予常經遊其間不令失所今欲見之同去可也偓佺曰終是好兄弟好君臣多設處去矣赤松子曰予幸子然下會多尋道伴袖幾顆也大衆嬉笑拜謝告別步遊至渤海之東見蓬丘大壑中岱輿員嶠方壺瀛洲蓬島五山之根無所連着隨潮上下天帝恐流於西極命將吏

(廿)策疆　(卅)巨鼇　(卅)龍伯氏　(四)國人

策疆使巨鼇十五（海中大鼇力勝負戴）舉首戴任始安然不動衆許之金母曰崑崙之北九萬里龍伯氏之國人長三十丈萬八千歲曾一釣而連鼇六鼇斯何怪焉元始曰幸會諸上眞得聆教益予將設天齋於兜率奉請毋却衆稱謝玄女向王晨稽首曰弟子回中條授桃於風后欲至上清宮啟我師一事王晨點首元始同王晨天帝上元夫人斗父斗母后土三皇兄弟等乘彩雲而起舉手作別羣仙翹首奉送半空起一派笙歌仙樂擁出無數旛幢羽旄童女扶登翠輦直升碧落至精握木公手曰得玉趾下降空同謹索微物稍酬大德木公曰遽爾言別心亦歉然遂別過羣仙

駕金光而起泠倫隨之空同童單見青紫之氣橫東飛來皆至洞門伺候至精遜木公入王霄宮玉女進解醒湯揖入瓊房金闕上宮出鍊液寶經玄綱玉玦以授曰願以之傳後學丹籙合真之人木公曰當爲廣宣化澤不敢秘也即出洞別去至精子斜倚洞門以目相送木公路想法寶流傳將使宗派淵源誠大願力也咨嗟贊歎不覺以足一頓踐一巨蹟後姜嫄履而孕弃時王母與羣仙渡過東海細訂會期自入閬探三女青娥駕海上一山浮波南行衆真分投而去惟宛丘女媧王倪太乙鎮元五人在後太乙曰酒力不勝乘此清風歸去鎮元曰如此逍遥散誕方稱宦宕仙

家南提我携摩過泰山時臨濮水宛丘謂王倪曰聞子與循揚于除害定亂其材品何如倪曰知人善用敬鬼弗褻可謂明畧之主太乙曰入驪知政順遂一視何如鎮元曰（委曲轉入世事）可女媧不忘憂世五人乘輿遲至帝丘城披雲霧俯瞰下方贊歎良久人叢中擁一貴人望空設享王倪識是高陽氏訝曰世人何能窺破宛丘曰成邑小子饒舌不可久停撥轉雲蹤散去高陽氏一自少昊之衰民神雜揉雖賴王倪懲治恐久懈弛宗人皇氏九區之意制爲九州其名各取九皇之半曰雍荆豫梁冀青徐兗楊建九寺九卿統領萬國立南北二正命木正句芒重爲南正司天以屬神[illegible]

三尹城昧

修爲木正勾龍補尹城般之子昧爲玄冥師時火正祝融

二黎

薦巳卒帝有孫曰黎多材幹代爲祝融後以黎弟回爲火

二回

正命黎爲北正司地以屬民是爲羲和命宗蓋天之法而

曰羲和

立渾天重黎協力圖治由是絶地通天無相侵瀆萬物有敘民安其生是時純陰凝聚於中浮陽轉施於外周旋無端其體渾渾爲歷數久廢失稽考之人歲差積閏漸至寒

曰成邑

暑非時陰陽失候帝憂之聞東區之子成邑得父正傳善占星氣叩之云有水金木火土五星會於天歷營室娵訾亥次即是元朔春朝是歲丙午顓頊之六十四年斗杓建寅之月朔且成邑趨奏云五星正聚於帝丘遠宜至誠祭

榑生

八風一作八龍

告毋失其會帝令設祭於都門親去望空遙祭有五大星晝現於空通國共覩帝正拜告忽起一朶彩雲將五星遮隱同朝始爲儀制驗其盈虛升降而造歷即以上年乙巳十一月甲子朔夜半冬至正日南至之候歲月日時皆會於此以之爲曆元以建寅爲正月是朔立春爲孟（後世稱顓帝爲）曆宗又聞栢邑飛龍氏榑生（榑音亥）乃朱襄後裔能審音律爲至謂曰方今妖殄禍息物惠人和爲我作昌大之樂以和來賓榑生領命乃會八風之音爲圭水之曲東北曰條風東曰明庶風東南曰晴明風南曰景風西南曰凉風西曰閶闔風西北曰不周風北曰廣莫風取八方賓從聞風崇

是為六基六英

大款　赤民　柏夷父　柏亮父　淥圖子　鄒屠氏　騶明　蒼舒　隤敳　大臨　龍降　庭堅

德之義漢水淬金効珍范鑄而為鐘歷山空木特奇蒙茸以為鼓乃作基英之樂謂肇基英明偕運氣合音律奏之以調陰陽顓頊曰可以享上帝朝羣后矣於是海內承向如景從雲合更其樂曰承雲眞是天曰作時地曰作昌人曰作樂鳥獸萬物莫不應和帝有四朋曰大款赤民柏夷父柏亮父咸曾師事之四朋進曰吾儕庸輩耳曷足以語道聞湘東有淥圖子者恒以圖示人斯可師也以濬其明而益其聖即命使恭迎淥圖不見命僮出告曰治家莫先教子治國莫先親賢覆報帝稱善彌歲帝初娶鄒屠氏之女生騶明蒼舒隤敳大臨龍降庭堅仲容叔達皆齊聖廣

仲容
叔達
勝濆
卷章
竊蟬
伯服
㴒士
三面

開明充誠篤天下謂之八凱也和又娶勝濆氏墳氏一曰丁之女曰穆生卷章燕子曰竊蟬卷章亦曰老童娶根水之女曰騎緺生犂及同犂生長琴處搖山始作樂風之曲四生陸終聚鬼方氏女懷孕十一年開坼脅生子三人又開右脅生子三長曰樊己姓封於衛墟次曰參胡董姓封於韓墟周時為胡國後滅於楚三曰籛鏗彭姓封於彭城四曰會人妘姓封於鄭墟五曰安曹姓封於邾墟六曰季連芈姓其後為楚庭堅生子曰女修女修生大業大業妻亦名女華生大費是為伯益賜姓嬴生二子長曰大廉其後為趙為秦次曰若木封國於徐為費姓　有孽子三人一名伯服一名㴒士一名三面生而上去帝惡之逐而弗錄死為厲鬼一居江水為瘧鬼一居若水為罔兩一居人宮室區隅以驚人小兒帝性靜淵而疏達是以北至幽陵南至交趾西至流沙東至蟠木動靜之物小大之神莫不祇屬帝聞諸子

(三)孺帝

(四)高辛帝嚳

(六)陳豐氏 寢

非命世之資，乃屬意族子高辛，嘗謂羣臣曰：當以此子為嗣。帝在位七十八年，年九十八歲而崩，衆感帝德，欲立八凱，戲守父命不從，强立叔摯為孺帝，乃欲自盡羣臣遵遺命，奉高辛為天子。庚申秋嗣位，以癸亥歲為元年。高辛姬姓，少昊之孫也，父曰蟜極，母陳豐氏，寢履大跡而孕，生而神異，甫產之時，母抱置膝上，自言其名曰岌，後以岌乃危殆之辭，改曰夋。齠齔有德，年十五佐顓頊，受封於辛，故號高辛。辛即今定州唐縣也。年三十，以木德代主，號曰帝嚳。嚳，考也，成也，言其考明法度至醇美也。以人事紀官，南方曰司徒，掌圖籍戶口；西方曰司馬，掌訓練兵馬；北方曰司寇，决囚定罪；東方曰司空，墟匠督上巾曰冢宰總裁百揆燮理二氣五行之官分職諸國封爲上公祀稷五祀是尊是奉永世賴之帝作仙人形書歲在鶉火擇月葬顓頊於濮陽頓丘道上冢在東郡頓丘城門外廣陽里顓之陽祔其後九嬪祔于陰四蛇衛其下

諸仙分桃曲肖人情始信仙凡一理世有以忘情滅性爲修煉者亦甚昧於中和之道矣宜急以此書藥之

龍伯國大人其里數身材年壽皆合道理有心人勿輕放過更味六鼇之爲何物

宛丘等五仙遊戲成邑占地爲五星然乎否乎

少女　老婦　槃瓠　吳車

○○少女偕槃瓠南封　○○錄圖示四月疊瑞

高辛患犬戎侵擾念是龍苗之裔不與計較犬戎全不知止遣將領兵直犯房山熊泉高辛議棄帝丘避之挈嫡帝妃嬪及眷屬羣臣遷都於南湖之南臺城見犬戎貪婪出令募能得犬戎之上將頭者賜金千鎰邑萬家妻以少女先是宮中一老婦有耳疾令醫者治之出一物大如繭以瓠離盛之以槃覆之有頃化爲犬因名槃瓠毛文五色黑項白頭耳長尾捲高可三尺許四蹄蹻健可避兵矢時以爲異帝馴畜之常隨帝出獵所獲必多自是遐地知名此犬一聞帝命便倏然逸出逕奔房山犬戎上將吳車見之

知是高辛之犬大喜曰高辛遷都避我神六棄主來歸正應彼失我得之兆乃大張宴會與戎兵歡飲槃瓠伏躍於前飲至夜深呼犬伴卧帳下犬俟吳車睡熟上炕咬絕其項啣頭疾走營中驚覺戎兵乘良馬來追張弓亂射皆被勁尾撥開戎兵奔回高辛忽見槃瓠啣人首擲於堦下命懸於都門使人識認報是戎將吳車之首帝謂槃瓠雖應募有功奈是畜類不可妻且不可封賞令厚食以肉糜槃瓠經日不食伏地若聾少女以為信不可失乃請行帝不得已從之浮封南之武山五溪間時曰犬封國槃瓠得少女負入南山石室中踰數年生六男六女自相牝牡生育

辛帝蠶女亦好

蠶女馬頭娘

黔盛遂雜居雄溪樠溪酉溪沅溪辰溪之中五溪之源皆
出盧溪、卽長沙武陵洞蠻也育苗猺獠獞六名捴曰
蠻彝不喜火食射蛇捕蟲爲食至今土俗不食六
肉、後少女數、六女種木棉造機織布隔溪不能渡造舟楫
以濟槃瓠死欲歸故國羞見宗祀徘徊江岸升南山以望
遲化爲石、今盧溪之左有石屹立曰辛女崒隔江對峙一巖有機一有船一懸於崖孔、帝思步
女欲迎諸子爵之使者歸白其狀云言語侏儒面色斑藍
不可用乃止帝常赧然謂羣下曰世亦聞異類而偶者乎、
迺有西南人對曰蜀有蠶女不知姓氏其父爲人所掠女
念父不食其母誓於衆曰有能得父還者以女嫁之驚車
之馬忽振躍絕絆而去數日父乘馬而還馬嘶不已母以

誓言告父父不允馬跑甚父怒射殺之曝其皮於庭皮蹶
起捲女飛去旬日皮復落於桑上女化爲蠶食桑吐絲成
繡後蠶女駕此馬乘雲於空侍衛數千人謂父母曰太上
以我心不忘義授爲九宮仙嬪矣此事亦可爲異聞也帝
意少解蜀之宮觀諸化皆塑女像披馬皮謂之馬頭娘每歲祈蚕四方雲集東南一隅巴二
百餘年不雨民皆遠徙遂爲曠土帝深以爲憂至十九年
辛巳忽報（有白求也）東南大雨傾盆水盈溪谷民漸附集可以布種
安生帝感降甘霖率百官郊祀告謝神祇同朝一道者當（哭如其衣）
篤大言曰活汝兆庶子當酬我更毋使効死者不得封賞
也帝下車扶之同載入朝道者曰玄女招女魃止雨霽而

后土信 夸父 博父

忘遺其所止之處即不雨田祖叔均驅之於赤城枯旱二百餘年山石皆赤先有冬官黑雲氏后土生子信信子曰夸父性曾志宏身高二丈神勇殊妙為其存仁博施又曰博父居近東南憂禾槁民散乃入華蓋求容成公適我邀會蟠桃知曾為雨師懇求甚切我因急於赴會付龍符一道只一小銅牌令其入海召龍施雨夸父接符就走將至蓋竹山兆撿點龍符已失乃跌足深悔（至今石上有巨人蹤跡至禹王祭此始得龍符）拙思亢旱不雨皆為太陽爍烈若能掩其光方可灌溉滋生侵晨往觀海嶠湧出大日如火㷔升於中天輪雖小而轉熱俄而徂西如被青山啣去明旦復然曰既知其

齧缺

始當究其沒然後求障蔽之道聞蒼梧齧缺師得王倪飛步之法不疾而速履水如陸登山如夷往求得之齧缺謂其好勇輕生恐不得其死夸父不悟退鍊於黃河之濱三月其術已成喜曰吾願可遂矣日中右手操青蛇左手操黃蛇挾杖飛渡黃河乃與日競走經過百里回顧日不移影似無勝負至二千餘里日影轉前將逮之於禺谷（即禺谷一曰虞淵日所入處也）頓生煩躁渴欲傾河而飲至渭水堤高不能俯掬將北飲於大澤未至道渴而死予從度索回憐其眞誠爲想一舉兩得之策成其始願玄女召應龍擒殺蚩尤血污其體不能上天廢困於關地共湖山窟可召來施雨遂

順路株藥前去在天階山下玉華洞留宿越旦登天湖翠簾其上三面峰環中夷而曠至窟邊呼應龍出折苧剝皮醮水揩滌血跡即飛至空興雲連雨三日水道皆盈應龍乃去南方處之故南多雨昨弔夸父之屍其所曳之杖拋棄屍旁爲膏血所浸化爲鬱鄧鄧大林後名鄧林不知者謂其不量力與日競影而死知之者知其志在救民而亡身洵可哀也我之來此非爲已言功傷夸父之不祀耳帝曰夸父功德當祀師何道號願終身事之道者起曰世司雨之赤松子也索人酬勞猶傭工而求值也在塵中擾得口燥且回黃石靜養精液飛步出東郊不見帝悵然如失遣使

臺駘

至渭河鄧林設祭夸父有司歲時祀之時玄冥師昧之子臺駘宣汾洮彰大澤導演擊汰民離湍泱之患未幾卒帝命配祀夸父世爲共工帝見東南巳安西北未化至冬農事既畢乃役民築城名曰西亳近有熊故都今偃師縣也明年還都於此後顓帝九嬪巳死欲附葬於頓丘之陵因途路迢隔擇漢水東鮒魚之山葬顓帝衣冠於陽葬九嬪於陰設四右蛇守衛四方恐民惑於鬼神爲教之曰天神曰神聖之精氣人神曰鬼賢之精氣豈向人求食人自享之耳顓帝曾制享祭之禮天子郊社天地山川嶽瀆之神臣民則祭祀丘陵墳衍與禰祖先之鬼不得妄意干犯久而人不能遵故後冑械又慮後歲月有差復遵顓帝作曆之意於弦望晦朔日之

咸黑

倕

祚卜

有邰氏

姜嫄

月未至而迎過而送之日至設丘兆於南郊以祀上帝日
月星辰先王皆食以重本也制六列之嚳享上帝以中嚳
舉倕生之子咸黑典樂爲聲歌名曰九招命倕與祚卜作
鼙鼓鐘磬吹苓管壎篪名六英之樂謂具六合英華也伶
人咸抃以康帝功帝普施利物不私於身上純配天之治
下開執中之權元妃姜原乃有邰氏女炎帝後封於邰姜姓原作嫄亦作源
與帝禋祀上帝未有所指言主宰上大者也至野見巨人跡即欣然踐
之而身動如孕居期而生子姜原以爲不祥誕寘之隘巷
牛羊皆不敢踐又腓字之徙之於林中適多人伐木見母
狼抱嬰孩飲乳衆呼遂乃舍去邠州有狼乳溝姜原使人覘之見

棄　陳鋒氏　慶都　伊侯　堯　有娀氏　簡狄

不死，又置渠中冰上，飛鳥咸集，或以翼藉其下，或以羽覆其上。姜嫄以爲神，令抱回撫育。初欲棄之，因名棄。兒時屹若巨人之志，其遊戲好樹藝麻菽，長善稼穡之事。次妃慶都，實陳鋒氏女，居三阿之南，保定完縣伊祁山。生時有石流血，其父惡之，寄於伊侯長孺之國。帝聞其賢，納之，孕十四月，至戊午夏，有赤龍飛舞於天，感動而生堯於丹陵。赤精子從須彌始同適符其祥。次妃有娀氏女簡狄，生於不周之北。蒲州。帝爲其無子，候玄鳥至日，以太牢祀高禖。禖者，天子求子祭名。後王以爲媒官，而立祀焉。變媒言禖者，神之也。簡狄從祀回，即有娠，踰三月，與宗婦三人行浴於晉丘之川，見玄鳥墮其卵，簡狄取吞之，遽言於帝，帝曰：神禖

契　娵訾氏常儀　伯奮　仲堪　叔獻　季仲　伯虎　仲容　叔豹　季貍　賓沈　閼伯　圖錄子　九天眞人　玄宮眞人

有靈喻飛燕之祥也彌月果生子名契係女媧感帝郊禖神祺特遣玄鳥系
儀次妃娵訾氏女常儀亦名常宜生子曰摯摯母於四妃中最
下而摯於兄弟最長次堯次棄次契次子曰伯奮仲堪叔
獻季仲伯虎仲容一作熊叔豹季貍皆忠肅恭懿宜慈和惠
天下謂之八元善也有不才子曰賓沈閼伯帝聞江湑降一
異老具先見之明人有疑事質問則録一圖與之至後必
驗人稱爲圖錄子有曰錄圖遣使往迎老人期以降日帝建高
臺於中宮祇候名臺曰德至期有九天眞人執八炁之節
景雲之符爲前導後有童女數對侍從皆呼玄宮眞人降
帝伏迎眞人下枚德臺扶帝坐命金童捧黃庭經五斗卷

指授曰赤松披衣王倪齧缺皆得此道也爲帝說黃庭之
文教以清和之道又授以三天眞靈寶符云上以奉天使
二儀無遺下以告地使河海不洩中以鑒人使年命無墜

中元

乃言上元已盡今歲甲子始交中元凡三千八百年復爲
下元也帝求示四妃之子孰能爲生民主者眞人袖出一
簡擲地作金聲遂引從者昇去帝拾簡詳視前後左右分
圖四日不觧其意倂黃庭經藏於德臺明歲乙丑春帝崩

帝摯

在位六十三年年九十三歲一
本作在位七十年壽一百五歲當時立國以長推摯爲帝
是爲
廢帝葬帝嚳於濮陽頓丘臺城陰野之秋山以衣冠與姜
原合葬於邸一葬衣冠於古亳城南帝摯自巳巳春嗣位

舅腹
放勳

帝堯陶唐氏

下皇一切 十

不修善政號令不著與閼伯洸實舅腹爲伍日尋干戈以相征討次舜堯號曰放勳年十有三佐摯封于陶年十五長十尺年十六遂封爲唐侯實懋厥德諸侯咸歸之摯自知不及率羣臣造唐而致禪唐侯常夢身隨雲起攀天而上至是代摯爲天子時年十八是爲帝堯陶唐氏居摯於高辛古城因娵訾腹於市遷閼伯於商丘爲火正遷實洸於大夏爲水正如參辰二星一出一沒隔於卯酉使不得相見也按帝堯以丙子年冬至甲辰日踐祚考竹書紀年與正龜曆中年月令諸史皆以甲辰爲元年僕以日爲年曆家亦宗之不考良可歎也堯立十八載始當五百年之數爲下皇李一切帝德彌厚故先期而出帝本姬姓因生於毋家伊氏後葬毋於耆遂號伊耆氏地近汾鹿有堯城跨

完縣都二邑慶既受禪以火德王色尚白定都於平陽安邑在冀州大
行之西其南有晉水改年為載取萬物始更終也丙子元載置進善
之旌設敢諫之鼓立誹謗之木使天下盡言攻過帝生有異相眉
分八彩其仁如天其智知如神就之如日望之如雲不驕不
舒冠黃收冕名歛其髮也衣純衣純讀曰緇彤車白馬所居茅茨不剪
土階不石榱題不枅音鷄大路越音活席太羹不和粢食不鑿
飯土簋啜土鉶金銀珠玉不飾錦繡文綺不御不寶珍奇
不聽淫樂布衣鹿裘衣屨不敝盡不更為也其時九族既
睦百姓昭明協和萬國於變時雍上下仰其光烈德之所
格無所不被堯思上古之君世不獨治必須賢輔知南正

△羲仲

△羲叔

△和仲

和叔

重、正黎之後世掌天地之官能占驗時日如黃帝時之羲和命重後以羲爲氏黎後以和爲氏帝欽若昊天以天之元氣昊然廣大未可概推特復羲和之後命立渾儀修其先職察日之甲乙月之大小昏明遞中之星日月所會之辰定其天數以爲歲首謂之曆象（象者觀天之器璣衡之屬也）以羲仲居嵎夷之暘谷理東作以殷春中（殷正也春中中春分也）以羲叔居日南之交趾理南訛以正夏至（夏至者地氣上升至此而止也）和仲居西方之昧谷理西成以殷秋中（秋分也分者天氣下降適至於天地之中也春分亦如是）和叔居朔方之幽都理朔易以正冬至（天氣下降至地是極而復起也）爲四岳時有瑞草生於庭每月朔後日生一莢至望後日

蓂莢

越裳氏

放齊

落一莢月小盡則一葉厭而不落帝奇之呼爲蓂莢又名
曆草觀此以定月之大小旬朔可知咨羲和二氏立閏法
以正四時須示四方庚辰五載南夷越裳氏如百越之下裳去中
都萬里重譯來朝獻神龜方三尺餘云得之艾山水濱背
有圖文非吾夷可識謹獻上國帝視皆蝌蚪文記開闢來
故事帝命太史放齊録之謂之龜鑑深藏內府囿龜於池
因作龜書厚賚南夷遣歸帝存心加意作辭以自警弁誠
萬民曰

戰戰慄慄日謹一日人莫躓於山而躓於垤

爲政七年民無作惑丁亥十二載帝思古聖皆省觀設教

繳父
神羿
以發明作者之伏筆
猰貐、
修蛇、
封豕、

乃巡狩方隅於路存鰥寡賑荒歉一民飢寒曰我飢寒之也仁昭而義立德溥而化廣自西北巡至淮揚遇一奇偉男子於市中貨繳時謂之繳父召之手挽弓矢進見帝問何能答能以繩繫矢而䠶又能隨風上下帝命試射嶺頭高松一矢射之透幹御風騰上拔矢而下帝愛其神技呼之曰羿同都用爲木正不食五穀唯啖百草之花即赤將子輿隨太乙於峨嵋謂其有奇遇命下山立功正果是時十日並出焦禾殺稼或大風四起拔木發屋北有暴水衝渠倒岸又有獸曰猰貐其形似貙迅走食人洞庭之野有修蛇長百丈呼氣吸人東海之濱有封豨大如兕皆爲民害四岳申告帝憂曰予一人

不德衆庶何與而罹此禍羣臣曰炎帝有疾疫飢饉之憂黃帝有水火刀兵之厄不害其為聖主務在君心能感格定数災異自潛消

赤松子憐夸父之愚誠而呼應龍行雨以成其願且救人間久旱一舉而三善備焉一片熱腸眞吾師也世有義屬周親視死不救者按界赤松之虬吾知其必不食之

管窺子曰人知天地之元會而不知復有三元之元蟠桃之會也至此益見精詳

四日圖畢竟四子俱當有天下也至商周方知其驗

〇〇〇姮娥竊藥入蟾宮　〇〇〇赤將成功居日府

帝觀羿材乃非常使治風日諸怪發兵三百隨其調遣羿忻然承命至東方大澤間登青丘察狂風從西南來命百姓門着各樹十丈長旛下繫以石大風遇旛萎然回轉羿乃搏風直上任其飄蕩落下一峰見巖下有一怪物形如皮囊色間黃白張口呼吸羿忖知此物作崇取弓暗射一矢中其頷飛步趕去見其走入深洞内大喝曰誰敢擅射風母舞潑風刀捲來羿挺劍迎数合楚身背發一箭貫其膝釋刀拜伏曰留殘喘任君驅遣羿爲之拔矢其人曰予即風伯飛廉遁歸南郊因守將四百年追思蚩尤不祀故

河伯

㊉河泊

⑾姮娥

⊗九嬰鳥

極言契象

封姨

約舊友擾亂報怨氷夷於仲秋上庚日死靈光不昧上帝署爲河伯其下諸所官皆曰河泊許遣其女弟姮娥監使者潛處高梁暴漲河水渰泊民物通信於回祿只助九頭嬰鳥口噴烈火借映陽光焦殺桑麻禾稼使民不得衣食羿曰黄帝修德行仁天爲之助蚩尤弄兵好殺自取滅亡子蹈其覆轍戮且及子矣飛廉恐愧交切羿曰悔心一萌即爲善人願與結兄弟飛廉曰天地間無風（至理）如人身中無氣不可也風母乃天地之橐籥鼓動之則風自出君須傳告百姓家懸一繳風遇繳即不敢肆虐遂拜羿爲兄出山肴野蔌欵待命封姨出見乃飛廉之姬主八方之風（又名風姨）令作樂淯

發明射日之故可釋萬古之疑

李廣射石有諸錢鏐射潮倣此

酒羿問明九鳥姮娥之處珍重言別羿告民家各繫一矢於簷以厭惡風後以石灰畫弓矢於場圃以代羿領衆至西河麟山黃帝時瑞麟遊於苑囿後隱此三峰相峙又名三嵏屯於谷口寅卯之交羿挾弓矢探視見三峰頭各有三鳥皆向東噴焱旭日升至三竿壇出九輪妖日初居下枝移時與太陽相混十日並照地如洪爐羿知九鳥肆惡魃地連發九矢皆中其頸九輪妖日化赤雲飛散止一輪獨麗中天羿招衆軍尋捕有九赤石上插九矢羿望并州進發至高梁見河水騰發洶洶如雪山湧至羿忙望洪濤射去水勢稍卻羿尾後追去有一人乘朱鬣白馬白衣玄冠從十二童子所至雨水滂沱

河伯使者

知是河伯使者射中其左目諸水神遂浪而散急流中一
女子疾走知是氷夷之妹發矢及其髻姮娥曰感君不殺
願奉箕箒羿憶師言姻事遂携歸見帝歷奏其事帝深慰
勞賜宴完姻三月帝召羿曰風日融和水火既濟卿之功
大矣尚有三害未除奈何羿歸別姮娥帶兵衆北探猰貐
蹤跡深林見鳥雀驚飛一巨獸虎面人身坐嚼山羊聽有
人聲便起身來攫羿發矢貫其掌逕帶矢撲逐羿飛上大
悍獸
樹乘懈中其脊翻下旁坑衆鈎起臠烹食之至洞庭尋修
蛇門户伏草中候至黃昏腥風漸近從旁射之左目貫至
右復連發之長有千尋猶鼓氣如雷鋸千段割肉熬滑燃

說文云閩東越蛇種也故字從虫甚言之

火積骨爲丘此蛇腹黃背玄呑南山大象如蠹然三年始出其骨食麂鹿如蚊蝱長身曲折三廻形如巴字又名巴蛇岳州巴陵巴丘即蛇積骨所成羿知封豨是大豕命軍士結大網四繫桑林半夜樹撼守網軍見豕入網梃戈攢刺羿命軍民分食自此（收一句）災害並除回朝覆旨帝堯封平野侯高辛時以射選賢中的者獲封侯爵是曰諸侯北地守邑豐隆奏云發鳩（又起一波）山有卿雲興帝閒維何對曰若烟若霧郁郁紛紛蕭索輪囷名爲慶雲此和氣也帝命駕登慶雲之山石叢晨騰瑞光縷分五色遙望東南海涯忽冲起九色毫光蜿蜒浮空帝令侯羿御風覘視先是南土初有生民時人與蛇雜處王母第二女太武夫

人青娥至閩中拓土以居因不事修煉形貌衰退復獨處南閩山中調攝西母在度索會後念其苦行多年故駕山來顧遂駐此山於南後曰羅浮傳以九轉丹法太武煉而服之太武所居之山有三十六峯後閩王封爲西嶽漢武改名太姆每歲中秋溪水作藍色俗謂太姆染衣取水漚藍染帛最佳容顏如酡常呼海底老龍跨遊上下四射龍光九色

羿承命至閩問居民知是西母之女已往昆侖即乘薰風至侖墟有醴泉華池黑水南有靈淵前有九門開明天獸把守銘其門曰

開明爲獸稟資乾精瞪視崑崙威振百靈

羿仰望不能援陟聳身乘風直上其巔凝眸遍視開明獸

領鳳凰鸞鳥皆戴戈㪍前來祇觸羿張弓射中其㪍鸞鳳
骨弃
展翅飛鳴開明獸垂尾跑回羿再欲發矢聽得洞開處一位道姑後有數十女童簇擁大呼赤將休無禮羿知是金母挽弓伏地稱罪金母邀入飲之以華池之漿徐謂曰三女青娥復回闕中吾子將何所請羿曰聞母有不死之藥求一二顆以却死氣母曰此藥非可易求即使有緣得之亦須靜養期年服之飛昇雲外若躁意遽食必罹咎殃小徒巫咸掌守予命其付汝汝曾為黃帝木正精於造作此處往來造訪者苦其高遠難陟欲於山腰起建幾所宮院安集道侶汝其董成之羿允諾遂同至山半形如龜背山

鑿齒

皆璀瑜凝素液發奇光名白玉龜山即於此定基羿爲工師山靈效命切玉爲磚采香爲料琉璃代瓦瑪瑙鋪堦不半月造成一十六處宮院殿閣臺池無不煥美金母遍遊其中見高大寥廓名閬風仙苑旁栽八幹凌風桂後植三株赤水桐女童捧玉盤而至一顆靈丹晃動如雪金母遞曰聊以酬子之勞羿意其少母曰服此便可飛昇永命無藉於多也但不可遽食羿謝別回平陽具奏其事歸家以丹密藏梁間與處自此終日靜養將數月南方有一異人怒髮圓睛齒長如鑿因名鑿齒四出害人帝堯聞之命羿曰子勿憚勞再往乃以彤弓素繒賜之俾靖南方羿爲

君命難違只得部兵南行探彼有洞名壽華是其巢穴衆軍發喊攻圍鑿齒掠食方回咆哮持鎖而前羿覷定發矢落其長齒鑿齒悔嘴棄鎖而跑羿復矢其腰大吼倒地羿取其長齒回都姮娥小字純狐陰爲善不求人知獨處無聊閒步堂中（道緣至矣）猛見梁上白光旋舞異香盈室乃駕木升視探得白丹懼羿威力未敢竊食聞東市有黃先生善筮帶女使往卜有黃爲筮之卦成曰吉

翩翩歸妹獨將西行逢天晦芒毋驚毋恐後其大昌

姮娥謝歸服之身輕似翼栩栩欲飛羿歸見其神情恍惚疑之至晚視丹已失急入卧房尋問姮娥推窓逃避忽覺

玉兔

風生兩腋乘空直上羿問女使所以遂挽弓來追其夜月光皎潔遠見姮娥如蟾蜍之小復聳身勇上一陣罡風吹羿如黃葉墜下姮娥蹬下幾重頓覺冷氣侵膚奔至一處好似琉璃境界其間寒威四注且空曠無垠惟有連株丹桂姮娥舉目無親氣塞咽喉咯吐一物即丹之雲母外衣化而成形象兔四足色如白玉陰精之宗也姮娥渴飲露華飢飡桂英遂托身於此羿被吹至東極墜大澤之側天光將曙定性飛上高岡直東有啞啞之聲三唱海嶠中湧一輪紅日遙聞鐘響尋聲至山麓現出殿角宮墻俱是青玉造成深廣數里無數吏兵來往羿入探望有仙宮喝曰

何處野仙窺視。正待分剖。殿上傳宣。令赤將子進見。羿隨至堦下。見殿上有青提二字。始知東華帝君之所。即稱臣俯伏。傳上殿。命坐。帝君曰。勿怨姮娥竊取。皆有定數。汝功行已完。合證天仙之位。故借罡風招汝來也。汝得丹於金○母。金生乎水。成汝之妻宜也。汝稟烈火之姿。宜為我之所○造。日乃太陽火精。月乃太陰水晶。火則外光。水則含影。姮娥藉子之力。居於月府。子曾有功於日。當居日宮。配合陰陽之理。令童捧赤苓糕。太陰玄符。謂羿曰。子食此糕。無畏眞陽之火。佩此符。可入月府。相會。秪可日就月。月不能就日也。故月光生於日之所照。魄生於日之所蔽。當日則光

寳理

⊗金烏

盈背日則先盡矣羿曰日月既兩儀之精何能居止其中帝君曰天之經緯在野象州在朝象官在人象事豈特毌月可居即諸星列曜皆有神守天之日月如地之都城星曜猶州邑也既有封疆則脩官守羿欣然食糕佩符拜謝欲行帝君曰日之升沉於理自然子居其中未識晝夜之候須得榑桑金烏為伴東升彼必高唱報曉日中又唱西墜再唱如是為一日矣羿問何在帝君曰子所聞啞啞者是也此烏陽精之宗常吞太陽之華積而成烏象三趾棲於扶桑神木之間扶桑在碧海中樹長數千丈三十餘圍兩樹同根更相依倚故名久侍丹池朝昏浴日發聲震天攪人清寐故令靈眞子拘入桃

都山栖中其聲猶抑吾子挐至日宫神景登天何幽不燭也書符與羿往取靈真驗之開籠出鷇見其金羽雄聲赳赳然立於恣前靈真曰凡鳥與之相視有孕育卵哺之皆朱冠善橋每聞其首唱皆應聲齊鳴矣俗曰天雞下方之報曉公雞即其遺種羿作別跨上駿鳥飛至九霄日當卓午入輪中周圍曠蕩無涯與大地相似不覺其運動優游自在因念姮娥乘相望之夜縱金光自地升天飛入月中桂影婆娑皆徑冷落尋至最深處姮娥獨坐見羿欲避羿趨前執手慰之言已亦處日中往事不必復棘乃爲鉗桂木采氷瑜成一所宮殿令居題額曰廣寒宮每望夕來會時陽和充物月光

陰陽正位
光明大開

席老

分外開明昇歸日輪亦造一座大殿儀象鬱葱名鬱儀殿自此太陽太陰皆有君主矣時正帝堯甲子四十九載帝爲治五十載政教允釐百工庶績咸熙帝猶不知天下治與不治億兆戴已不戴已問左右不知問朝外不知乃微服遊於康衢見群兒拍手作謠曰

立我烝民莫非爾極不識不知順帝之則

帝雖知贊美謂出自無知之口又無章曲無章曲曰謠有章曲曰歌問何所教童云卧龍山席老作也帝過浮山道中有老人年八十餘含哺鼓腹以木擊土壤而歌曰

日出而作日入而息鑿井而飲耕田而食帝力何有於

帝老至明
季復見

華封人

我哉
帝知是帝老問所歌何意老人曰此樂道之辭蓋相忘帝化而不知爲之者也帝載歸尊爲老師報平野侯南歸樂妻姮娥齊上重霄飛去帝不勝嗟歎謂羿有功於天下封爲宗布。祭田之神。因想東狩而遇羿今盡四出遠巡或有奇人可致是歲乙丑帝率大臣西遊華山山在華封縣南自郊野至郛郭城市一路觀風問俗華封人拜迎於道丰神飄逸帝覩狀問其姓氏荅云張氏令論是時音樂廢缺至精子遺伶倫下山考正託跡封人假名令論帝問以政治如何對曰嘻願祝聖人多福多壽多男子兆民恒有賴矣帝曰多男子則多懼富則多事壽則多辱

許由

務成子

請辭封人曰天生萬民必授之職多男子而授之職何懼之有富而使人分之何事之有天下有道與物皆昌天下無道修德就閑千歲厭世去而上仙乘彼白雲至於帝鄉何辱之有帝雖賢其說知是避世之流乃問曰爾知有何賢才堪爲國用封人曰洪厓先生者道尊德隆子少師之但蹤跡無常不可得見也平陸有許由者嘗學琴於我其制行高廉或可任使然亦非預卜者帝問洪厓年壽許由素履封人曰洪厓年已數千歲姓氏數易今呼爲務成子由爲泰岳之後字武仲年四旬隱於陽城槐里據義履方邪席不坐邪饍不食常入境採藥作餌雖草木必問而後

取不與俗人為伍交談皆貞逸也當夜帝招封人並榻而
卧細談音律妙理及導引玄微待旦帝欲挽之入朝辭以
出山本意
蒭菲庸材送至百里帝握手依依令論忽心痛難禁倒卧
車上借村舍調治帝憂思百出親為撫視至夜半忽失令
論所在帝不勝嗟歎而回乃曰彼三視我慮我後人不能
繼也將擇善者居之汝衆臣中可訪順時為治之人用以
嗣位善退還思後進慎終當慮初心

水火俱由風伯所致伏一飛廉而三害皆知其來歷歟
易於驅除羿善射而不嗜殺其為太乙之薰陶者深矣
回祿既改邪歸正何得私助飛廉向非羿之神射生民

盡爲燃燼矣。雖曰火性易動。然鉗束不嚴。祝融不能辭責。

氷夷亦助飛廉。折却一妹子。宜來送與平羿耳。

西母授羿以不死藥。戒勿遽食。意在成就姮娥也。總無鑿齒之亂。羿亦不得而食之。若以竊得爲姮娥之幸者。未可與讀是篇。

姮娥飛去。羿之急追。蓋欲究其歸着耳。如以其爲藥也。則藥已入腹。豈可復得。羿曾修道於峨眉。且將謚位日宮。寧若是之愚乎。

金烏玉兎出處如是。亦是聞所未聞。

丹朱　散宜氏女皇　監明　劉式　讙兜　共工奕

○○○巢許養高貞避世　○○○蒲支傳奕手談兵

放齊曰丹朱開明解達之才舍此而誰帝曰吁朱既習澆嚚又好訟何可用也按帝娶散宜氏宜氏一曰富之女曰女皇生子二長號監明先死監明之子式封於劉生有文在手其後有劉默次子名朱帝以其驁佷媢克使出就丹讙兜進言水官共工奕可用帝斥之曰共工用意邪僻詎可登用讙兜慚退帝思務成杳不可致許由孤高廉恥足爲我師嘗聞孤不濫交高不汙下廉不苟取恥不妄爲以此而臨天下安有不治者乎遣使至平陸見其與妻坐大樹下補衣曝日隱士清風使者具道來意由曰匹夫結志固如磐石採山飲河所以

第四節　一

養性非以貧天下也携妻閉門而入使者叩之不應回都覆命帝曰賢者非可召見也遂命駕親往但見雙扉不掩庭户蕭然問於土人云投中岳友人去矣帝即至潁水之陽見一人牽犢而來知爲奇士問姓氏荅以無有叩以許由踪跡推以不識微以天下諷之曰子之牧孤犢未若牧九州之爲愈也荅曰子擇簡者可耳孤犢勤飼節御牧之甚易九州經營宵旰牧之未溥然牧天下者猶子之牧犢焉用惴惴然以所牧而予予無所用天下爲徑牽犢循河而去帝憮然歎曰此隱淪也又尋至箕山下山形如箕環抱有一人臨流倚石而歌曰

登彼箕山兮瞭然天下山川綺麗萬物還普日月連照靡不記睹游放其間何所却慮歎彼唐堯獨自愁苦勞心九州夙勤后上謂予欽明傳撣易祖我樂何如蓋不眄顧河水流兮緣高山甘瓜施兮葉綿蠻高林肅兮相錯連居此之處傲堯君

帝聞歌驚異有識者曰此即許先生也許由自使者去後摯尊欲入中岳尋嚴僖家暫避趨逆旅逆旅人亡其皮冠疑由竊之由不辨脫已瀆償之妻曰誣盜不辨恐實惡名由曰釋嫌如理絲躁則愈結任之將自明何辨焉越旦行及數里逆旅人奔造憤堇曰獲罪賢者皮冠已在函所撿

(四)巢父

出[illegible][illegible]謝而去由不之怪亦無矜色妻服其雅量伺匿於

歷學琴

箕山之陰日採薪自給嘗撫琴作清商隱士操以寄其志

引出巢父

是日欲往會巢父少憩沛澤作歌遣懷值帝尋蹤至此揖坐石上深致殷勤由曰予之光澤沛然溢乎四海俾黎首歡聚一室鄙夫安卧林泉皆所賜也帝惶恐曰日月出矣而爝火不息其於光也不亦難乎時雨降矣而猶浸灌其於澤也不亦勞乎夫子立而天下治而我猶尸之吾自視缺然請致天下為九州長由笑曰子治天下天下既已治矣而我猶代子吾將為名乎名者實之賓也吾將為賓乎

(三)有莘是

又出一人

吾師齧缺有言曰鷦鷯巢於深林不過一枝偃鼠飲何不

何侯

與潔已非矯激

過滿腹性各有極苟足其極餘皆無用也予已會其大旨將從吾師南遊矣帝問𧮫鈌可得見否由曰即蒼梧何侯祗問都市東有黄篮者知其從來帝復促載回朝由勃然掩耳曰歸休乎君予無所用天下爲庖人雖不治庖尸祝不越樽俎而代之也疾趨入山思堯以九州長陷我此言污耳若不洗去恐侵入肺腑也向河濵掬水洗耳下流有牽犢者至由視之是故友巢父本金庭人山居不營世利年老以樹爲巢而寢其上或問其巢居之故荅云不欲與俗人同處亦將高避洪水也時方治平人皆笑之未嘗以姓氏語人皆號之曰巢父或見其飲無杯盂以手掬飲遺

之以瓢不受其人懸於樹間而去風吹瓢動與樹相擊歷歷有聲巢父惡其煩而擾聽舉棄之巖下常乘黄犢出遊中州獨與許由契合方欲去訪路逢帝堯絜賠正牽犢下河欲飲見由洗耳問其故由述所以巢父責之曰何不隱汝形韜汝光若非吾友也擊其膺而下之由悵然不自得乃過清泠之水復洗其耳拭其目曰向聞貪言負吾之友矣巢父曰子若處高岸深谷人道不通誰能見子子故浮游欲聞求其名譽致汚言入耳而後洗之恐汚我犢口急牽至上流飲之自此巢許屏跡人間與巖儔深藏不出其洗耳河源出登封之箕山今真定行唐相傳有棄瓢巖洗耳溪巢許問荅碑因由曾隱於此故名世傳許由終身遁耕

蒲伊子

於賴陽浚葬於箕巔
堯以公神配食五嶽帝回親至市東來尋有黃見筮者危坐肆中叩是有黃戴歸遜坐曰先生知蒼梧何處否有黃曰此吾弟子齧缺也何爲問之帝述巢許等事有黃曰皆隱遁之流無意政治盍往求諸蒲伊子此人高明淵博始有教益耳帝問蒲伊來歷有黃曰與予雖爲道友以尊長事之編蒲爲衣往來於伊水故號蒲伊但纏跡無常訪之不易借蓍策不在借子越裳所獻神龜一卜其行藏帝曰毋乃傷其生乎曰無妨但鑽其肋可見形兆帝命週中取出神龜放殿上首尾四足縮緊不動有黃鑽肋裂兆詳其繇曰

引出蒲伊

遇則遇握不握空谷傳聲秋蟬蛻殼判畢拍龜背曰出故人在此避而不見耶此龜從來出頭一聞有黃之音伸頭紐頸視之有黃即跨上龜背跏趺而坐向帝拱手作別殿中忽起狂風揚塵眯目頃刻不見此蓋（發明）中央氏王倪託名有黃來喚神龜耳帝驚異累日命駕至伊水往覓蒲伊至汾水之濵見二人對坐（有意無意之間）翠檜下畫沙爲道以黑白小石子行列如陣圖右一人戴箬笠左一人披蒲衣坦腹揎臂毛長數寸兩目更方帝知即是因思黃帝膝行下風問道當執弟子禮約退儀從屏息侍立良久二人罷手起身振衣而笑帝欲前啟笠者顧帝謂蒲伊曰

子州支父

豈知做過二番事業者乎

彼何人斯至此竊視蒲伊點首曰王子儂耆也望西疾奔先去帝恐笠者亦去曳袂問曰適去是蒲伊翁否何即去耶笠者曰然是即古仙人偓佺能飛行過鳥知予爲人所使故避耳帝具以實告懇求引導笠者許之相携同行一路講義理問姓氏云是子州支父帝思是人與之爲友道德相符何不即讓與之遂邀坐路旁諄諄以讓位告之支父曰但我病懶自治未遑奚暇治天下哉帝不能强只求引見蒲伊相與至洞支父曰子姑少待入去多時中有人咳聲而出帝端跪洞口蒲伊趨扶曰子過矣以天子之貴而屈身山野可乎帝曰尊道屈己爲天下也蒲伊歎曰肥

之如腊憂民深切如此揖進遜坐帝退居北面童子奉茶畢帝欲啟口蒲伊曰子勿言予已盡知仁智如天不能格不肖子奔走道途以天下推讓無有受主良可歎也丹朱頑劣雖有賢良承受難免日後干戈轉使生靈塗炭子何以制之帝憂形於色曰任之致害生民滅之恐傷天性奈何蒲伊曰且毋過慮頗有術焉畫策授帝曰子其珍之則知所任之人也帝捧讀曰

玉在璞藏諸獄雖係鷙鸑無妨婁珏

帝求釋其義蒲伊曰後自有驗帝佩服心胸又問全丹朱之術蒲伊曰特易耳丹朱無毋而愚當投其所好以開其

情前翠檜下沙道右子是謂奕枰廢興存亡於此可見帝問其理蒲伊曰夫萬物之數從一而起局之路三百六十有一且一者生數之主據其極而運四方也三百六十象周天之數分四隅以象四時各九十路以象其日外周七十二路以象其候亦名圍棊爲具攻圍征戰之用其子白黑相半以法陰陽局之道謂之枰道之間謂之羅局方而靜棊圓而動以法天地自立此道世無解者思惟玄女鄉兵欲與一談尋至中條又（應會後語）會玉晨去久未回幸其高徒子州支父守洞挈至畧談其概即深會其旨恠道行兵神速剪滅蚩尤也帝曰聞滅蚩尤者風后也蒲伊曰山人行踪

原来如此

不定。姓氏無常。此果其易名耳。三人相視大笑。蒲伊曰。碁
雖小數。實與兵合。千變萬化。奕無同局。苟非精慮深思。不
能求其勝負之由也。子歸以教丹朱。彼必專心致志。何暇
爭奪天下哉。帝拜謝告歸。蒲伊向藥籃中取松子百餘曰。
予好食此。得延長年。今以贈子。帝受而不食。二仙送至山
前而別。隰州蒲子山即其隱處。帝獨步回。羣臣齊集檜下。看所聚石
子。不解其義。帝至觀之。留宿其下。以松實頒賜羣臣。受食者皆
壽至二百餘歲。帝端思詳察。越旦盡得其妙。令左右撿石子於囊。
畫碁局於簡。收拾回程。帝西望黃河。如從天降。出孟門之
上。登首山望之。嘆曰。水勢東趨。順其性也。何故散溢妄行。

不治必爲大害悶悶回都是年連告洪水爲災蕩析離居帝曰下民其災誰可使治者四岳與衆舉曰崇伯鯀猛厲多威敏而獨斷可當此任帝初不可既命試之按鯀本作鮌楚辭作鯀顓頊之孫字熙名白馬封於崇因長於帝故曰伯鯀受命治水心無定見從河比甘泉市令民夫擔上築隄禦之廣平有鯀隄壅塞下流水愈橫溢民既患於無食又逼於禽獸皆巢棲穴處伯鯀苦於無術探聽荊州有地肺甫里在洪水中常浮而不沒喜曰此吾息壤也乘桴而往後恐治罪復匿於淮海造城盜居其外曰郭城下水曰壕塹其時帝始封陶地之西獨未被水獲濟者萬戶汾州萬戶是也生齒繁衍山川哨坂帝遂北遷

第四節　七

重華

瞽叟

蟜牛

句望

敬康

於此茅蓋以居不忍自安丙子冬用鯀治水迄今十載九潦績用弗成復咨四岳曰朕在位七十載無德於民災禍未息將求賢以代已四岳諸侯之中有順事用天命以踐朕位者乎對曰臣等昏鄙何敢忝辱帝位帝曰悉舉汝等所知自巨族以及側陋者四岳咸曰有矜在民間（矜即鰥也）白重華冀州人也瞽叟之子帝曰然朕亦聞之坐為詳言之四岳列坐曰瞽叟父曰蟜牛蟜牛父曰句望句望父曰敬康敬康父曰窮蟬窮蟬之父即顓帝重華乃黃帝八世孫也自窮蟬至重華皆微為庶人瞽叟姓嬀妻握登見大虹意感於四十一載丙辰晝夢玉雀入懷而生重華於諸馮

握登
舜
東澤氏
壬女
顆手
象

姚墟以姚為姓生得龍顏大口面自黧黑身長六尺一寸目重瞳子為其仁孝高明皆號曰舜舜母握登病死勵哭幾絕瞽叟更娶東澤氏女曰壬女生妹名顆手人生弟名象自幼性傲瞽叟溺愛之常欲殺舜舜恭順父母與弟不失孝友之道日以篤謹匪懈與之小杖則受大杖則避父母欲使之未嘗不在欲殺之又不可得年二十以孝聞於遠近當窮困之際於河東歷山高阜處躬親稼穡象耕鳥耘不辭勞苦以養父母象之行履必正鳥之啄食必疾鼓耕耘法其正與疾非象為耕鳥為耘也至今耕處荊棘不生每於田間呼天號泣自責己罪為不能順親之心也孝感居民代為勤勞舜有餘力乃漁於雷澤在濮陽境

陶於河濵定陶西南有陶丘亭至壽丘黄帝葬處作什器以便民販於頓丘邇於負夏皆隨時取利以供甘旨凡人有善言善行必取之於己舍己從人是以耕者讓畔漁者讓澤四方向風所居之處一年成聚二年成邑三年成都人稱爲都君其德如此舉用必有可觀帝堯喜曰是矣吾其試之帝復歸平陽命四岳曰朕欲以二女妻舜觀其治家汝其往諭之四岳承命通知舜舜辭以尊卑懸絶四岳盛陳帝意舜曰必告之父母允而後可四岳覆帝帝曰如告而不許舜必不違親以從君乃從權釐降二女於嬀水之汭蒲州河東南山瞽叟見事已成忌舜益切怨舜自娶後以德化率

皇

女英

六妃

九男

有虞氏

二女長曰娥皇次曰女英亦不敢以帝女而驕慢克盡婦道帝復使庶子九男（六妃所出其後傳鑄冀邢欒函高唐上唐杜九氏焉）事舜於畎畝之中習其儀範聽其訓導朞月帝聞而喜曰內外嚴肅正家之道得矣今可試以國政爲築城於潙汭百官工匠畢備築倉廩宮室予以米粟牛羊之類是爲有虞氏舜尚見帝堯帝接以甥禮館於貳室賜以干戈袗衣琱弓瑤琴各一是時舜之富貴已極美色玩好盈前爲不得親之歡心俱不足以解憂一日有神人降其室授以太上玄經教以修身理國之道由是仁智愈弘值夏雨連綿瞽叟謂舜曰廩上滲漏恐米穀腐爛汝須修葺父命不可違此身

安足頤

巢由遁世啟後來隱士一派高風亦是維持世道之意若夫以終南爲仕途捷徑者定不及巢父所牽之犢

世事如同一局碁蒲伊之意借此點化丹朱使知天下不足戀耳如云使丹朱躭於局戲使忘情帝位非近理之談也蓋愚而自用者必貪而不捨局中爭勝何如南面稱尊遥爾甘心退避耶

焚廩蓋井不足以死舜瞽叟亦漸回心矣加以舜之孝敬愈篤安得不信而順之乎天下之爲父子者化卽是致治皆經卽是大學之道

二女何爲
預備雙笠
想是耕歷
山時所用
者

○○賜寶文叱召六丁　○敬天帝尊崇嶽號
舜曰惟退入東帶遷出二女問之舜曰父使完廩不得遲
也二女挽衣曰君卜此行吉乎何不使工匠以代舜曰順
命而往吉凶未可問二女曰宜鵲汝衣裳鳥工而往庶可
免也持二笠與舜舜戴笠而往升階上廩完治猛見火光
四起尋階欲下已被撥去翅張兩笠而下瞽叟捐階焚廩
以爲得計不意飛下獲免象復進計曰室後古井斷壞若
使浚之不可飛而上也瞽叟即召舜浚井舜奉命又告
女二女曰君可臨時應變去汝衣裳龍工而遁可也舜會
意緣索而入脫去衣裳匿入旁空少時象肩巨石投擲衣

咎繇

上猶恐得脫復去捨土塡井舜急攀緣而上潛歸後宮象掩蓋畢乎喜舜已死歸與父母議分所有逕往舜宮聞琴聲正和謂二女所彈見舜在床披衣趺坐彈琴象大驚慙舜若不知事父母益孝愛弟彌切替要亦信而順之由是世之爲子者莫不勉而爲孝天下士多就之帝知舜大孝大智足可登庸七十年乙酉試以司徒之職使其愼徽五典（五典五教也）五典克從納於百揆（百揆度庶政也）百揆時叙遠來朝覲者舜爲賓以迎之皆服其威儀高陽氏有才子八愷高辛氏有才子八元此十六族帝未能用舜舉八愷君治九土八元布五教又選於衆中舉一人曰咎繇字庭堅色如

(四)史嚋

(五)縉雲

(六)土敬氏炎融

(七)渾沌

(八)窮奇

(九)檮杌

削瓜形同烏喙能秉公執法舜命史嚋卜兆大吉遂深任
用帝鴻氏休有別子名縉雲娶土敬氏女曰炎融生不才
子讙兜專掩義舉又愚蒙昏瞶天下謂之渾沌崑崙西有獸狀如犬
長毛四足似熊而無爪有目不見有耳不聞腹無五藏食
毘逕過亦知人性遇德行人則抵觸之遇凶惡人則憑依
之名渾沌讙兜性似故以號之少皡氏次妃生般般生子曰昧昧之子壺
黠生不才子奕蘉爲共工毀敗信行粉飾惡言其行窮兩
奇故號其曰窮奇西北有獸狀似虎而翼能飛知人言語聞人相鬭食直者聞人忠信輒食其鼻
聞人惡逆即殺衆獸往饋之名曰窮奇顓頊氏長子騶明生子鯀縱恣凶頑
世無儔匹時比之檮杌檮杌西荒之獸狀如虎而大毛長二尺人面虎足猪口獠牙尾長一
丈八尺一名傲狠一名難訓攪亂荒中此三族皆有從助千人相與爲惡無

三苗　術嚚　郎　饕餮　青鵠　山雉

世憂之又有縉雲氏之不才子三苗一作三饒義當作三猫蠚與狫狑㺜同爲
四種溪洞之蠻姜姓祝融爲縉雲之官今括蒼縉雲縣蓋其封地生術嚚術嚚
生勾龍顓頊封其支庶於荊州三苗遷其弟郎仕於朝貪
於飲食冒於貨財人號其爲饕餮西南有人身多毫毛上頭戴豕性狠惡好利積
財而不用喜奪人穀物强者畏羣者憚名曰饕餮比於三族謂之四凶帝堯猶未
去之舜乃流放四族於四遠使不得相聚爲惡於是開闢
四門以來英俊以廣視聽帝得舜後歷試諸艱皆能制治
陰陽五星風雨各以時應帝知舜行符天使攝行天子之
事七十二年丁亥春代帝巡狩東方淮海時有一青鵠人
面鳥喙聲中音律八翼而獨足長尾具五色衆山雉從之飛鳴

㊀文命
祥瑞應其子

雲華夫人

出山之猷鯀以爲瑞欲自王於東名共山爲羽山在淮安贛榆縣開舜逆逐其族決意爲叛子文命入諫鯀曰逆日雛鳳求翔爲我佳兆文命曰聞翟之文有時別有論守死而不相犯明尊卑之分此逆戒之意如執念如此乞斬男以謝天下不忍見宗祀滅也鯀怒曰小子何知敢撓大計禁於後山石室文命知父必敗晝夜禱於天祈父改行一女子自空而下稱夫人相請文命不覺隨至一處見雲樓瓊臺璽官侍衛夫人端坐於上文命拜見夫人使坐而言曰余西王母第二十三女名瑤姬受職雲華夫人上理玉英之臺下治巫山太上知子將成父功令余授以上清寶文可其

狂章

虞余

大翳

黃魔

庚辰

童律

陵容華

鶚之獨足預兆也

黃能

出入水火嘯叱風雷收策虎豹呼召六丁然後能導百谷而濬萬川也文命再拜而受又勅[章]令黃魔大翳庚辰童律巨靈等神相助復使侍女陵容華導還石室文命恍惚若夢而寶文在手方憂父鯀未暇詳閱虞舜巡臨境上鯀怒集族中勇悍乘夜刼殺舜見鯀不接知其挾恨必來刼我乃埋伏以待二更鯀率衆殺入鼓聲大振伏兵齊起鯀見有備急走遍身被創至羽山下前阻羽潭一將追至劍截其一足隊上潭之淵化爲黃能奴來切鱉身而三足口噴烈焰沒水不見後禹成道度之證果能致風雨爲龍取水時前導水族潛避舜既殛鯀聞其子進言召至見其身長九尺二寸肩厚面豐謝罪

有莘氏志

女修己

伏於階下舜問其始末文命不敢揚父之過隱忍不言旁有族人曰鯀娶有莘氏志之女曰修己見流星貫昴夢接意感孕歲有二月甲戌六月六日母夢神人食以神珠薏苡而生於西夷契道汶山石紐村之石穴杳深人跡不到後爲西禹穴生時胸坼而文成命字是號文命字密郎以姒爲姓今一十四歲身具參漏背若橐駝長頸鳥喙善步狼腰鯀受命時曾陳治水之方云當因其自然之勢鯀不聽及避罪羽山見翟具五色欲自爲東帝文命切諫反遭拘繫舜念及己父扶起命坐考其經濟極有條理仍令統族衆居此候旨舜復南巡江淮將至荊州有姓缶三苗不仁擄掠子女

益

塗山氏
女憍

舜聞三苗之國左洞庭右彭蠡未易攻取因南方水勢更大遂返駕見帝具聞堯曰凡黜陟征伐汝勉行之吾老矣不克與聞也自此封建大事舜必請命而行其有補政治者則便宜行之是年季夏大舜舉文命續鯀之業賜名曰禹請封於濰水是爲高密如高陽高辛之類舜聞塗山氏在揚淮即金山有女名憍多才幹知德教時人比之女媧以禮聘爲禹之正室是年仲冬辛日成婚四日即入朝四岳言伯禹可當大任舜即命爲司空禹稽首讓於棄契舜曰汝平水土往拯生民惟其勉之禹不敢辭乞棄益爲輔益乃八愷庭堅之曾孫許之禹與棄益請帝命興徒工以傭工謂赴功屬役之事報有主方

道士見伯禹遂入拜問道者曰予北極水精子也聞子欲導治九域水土拯救萬民上帝遣予來助有五土篆文玉印一顆佩之能歷險不危逢凶無害有神針一枚能測水深淺隨變無窮一曰神珍鐵又有靈寶五符凡險要之水鎮之永寧以此三寶授汝可成大功也伯禹捧觀印篆神針長十許未識何用水精曰試之自驗成功後來取也言畢忽失所在禹望空拜謝佩印於心胸侵入肌膚漸平以針試投江河隨深淺漸長至底量其濕痕可知頃復化為針禹知神人相助大功可望聞蜀有五丁力士其子孫亦能開鑿山川乃招之為前驅隨山刊木立表為記定山川之叢

自帝都始從冀州兩河迤邐左旋帝命舜慰勞舜賫牛酒宣揚帝意舜命益掌火入山林藪澤焚之使禽獸失其所棲逃匿窮山先除逼人之害乃授禹治水大畧須先疏通九河以分其勢次瀹濟漯二水以會於河使皆注之海而北條之水有所歸焉於南則決汝漢排淮泗使皆注之江則平土可耕中國人民可得而食矣禹領命大舜回至中途天漸晦暝忽烈風暴雨雷霆交作欲於山麓少息恐帝心懸望自起執轡冒雨疾馳不致迷道而回禹痛傷先人無功受誅乃勞身苦思手胼足胝陸行乘車水行乘船泥行乘橇山行乘欙思水性之所歸掘去壅塞使汜濫之水

注海蛇龍之屬驅於菹澤之間於是開九州通九道陂九澤度九山爲衆庶鮮食命益與之稻稌可播種卑濕以救民飢命棄與民以難得之食（即米粟也因無地播種故難得）謂有餘以相給懋遷有無以均諸侯棄於中條東支教民播種（後名稷神山）禹又度泉之甘苦鹹冽濕沴鑿地爲井以觧民渴相地之所產山川之便利以通貢賦舜回具述所以帝喜以爲神知足授天下乃謂曰汝謀事至周而言可績自賓四門之後三年矣速登大位毋違朕意舜辭讓再三帝不聽擇是年戊子正月上日（月朔）即帝之七十三載也（舜正建子此時未改故依堯正月朔）帝堯大集四岳羣牧於文祖（文祖者五府之大名堯以火德王火精光明文章之祖也）

授舜戒命曰咨爾舜天之曆數在爾躬允執厥中四海困窮天祿永終大舜再拜受命先是耕歷山時夢眉長與髮等至此以應非常之兆言能與上相齊也舜雖受禪猶惕若省察璿璣玉衡以正天文璿美珠也璣機也以璿飾璣象天體之轉運徑八尺圓周二丈五尺而强衡横也以玉為管横設之如横簫以持正長八尺孔徑一寸白玉為之使璿璣運動於上以衡下端窺望星宿並懸觀其齊與不齊名渾天儀七政日月木火土金水運行於天有遲速順逆猶人君之政事得失矢道正則萬事順成是以為政之大要曆象授時所當先也大舜見七政齊平知天命攸在遂攝行天子之事整理庶務祭天地於圓丘類告攝政之由因仰思昔蒼者天元氣昊然廣大豈無主宰司命擬上尊號曰昊天上帝文曰天主大帝適符上天之號可

見舜德合天夙根不昧也又謂衆星各有司屬復禋享六宗星辰司中司命風師雨師（星五星緯也辰日月所會十二次也司中司命文昌中第五第四星也風師箕星雨師畢星也）潔敬四時三光水旱遥望山川嶽瀆辯於羣神若丘陵墳衍也祭畢埋太牢少牢於西北亥地堯又擇日使舜歛輯羣收建國五等親頒五瑞於公侯伯子男（瑞圭璧也執爲瑞信符合天子也）大舜自執鎮圭長尺有二寸公執桓圭長九寸侯執信圭長七寸伯執躬圭子執穀璧男執蒲璧皆五寸舜即以會同巡狩朝覲之禮宣言於衆曰天子巡狩以諸侯自專一國威福任己恐其壅遏上命澤不下流故巡行閭民疾苦察其侯度五歲一巡狩羣后四朝仲

春木旺東巡於岱宗東方守土之諸侯齋會岱宗之嶽燔柴虔祭以告至後以秩望祭東嶽境內之名山大川者言秩以五嶽視三公四瀆視諸侯既而見東方君長乃合同四時節氣月之太小日之甲乙律度量衡皆使協正齊一修吉凶賓軍嘉五禮以吉禮事邦國之神祇如類上帝以凶禮哀邦國之憂如喪考妣以賓禮親邦國如羣后四朝以軍禮徂征同國以嘉禮於時覲萬民立五玉三帛為聘問之禮五玉即五端執之曰瑞陳列曰玉三帛所以薦玉者公孤執玄諸侯庶子執纁附庸之君執黃推伏羲高陽為天統色尚赤其子孫用赤繒薦玉神農高辛為地統色尚黑子孫用黑繒黃帝少昊帝堯為人統色尚白今時諸侯皆用白繒薦玉又二生一死為贄見之禮二生羔鴈也一死雉也卿執羔大夫執

爲士執雉庶人執鶩工商執雞而已仲夏火旺南巡狩仲
秋金旺西巡狩仲冬水旺北巡狩其考績諸事皆同巡狩
畢歸至祖禰之廟禮用特牲告祭生曰父死曰考廟曰禰
巡狩之年諸侯於方嶽下進陳其爲治之說朝貢之期諸
諸侯來覲京師明試以功有功則錫車服以旌異之大舜
播告已畢羣牧領命而退有一人稱是西王母遣來授益
地之圖敷廣帝之九州爲十二復有白玉環一白玉琯一
舜受謝之使者倏不見其後舜佩環以知天理吹琯以和
八風斯時命禹往探治水禹奉命而往未幾復命曰司空
始自冀州即治壺口從東循山理水而西開通河道以及

梁山狐岐山按壺口在河東北慈州吉常縣界梁山屬左馮翊夏陽岐山在右扶風美陽復導汾水於太原修縣舊功削地平廣至於嶽陽嶽陽太岳之陽即冀州之鎮霍太山也在河東沁原縣界汾水所經覃懷致功以至衡漳覃懷地屬河內衡漳二水在瀛州東北平舒縣界水橫流漳有清濁其賦出上上其田中中恒衛二水既從其道大陸已可耕治恒水出恒山衛水出常山靈壽大陸澤在鉅野宜抵島夷皮服島夷在東北去中國萬里古肅愼也以皮爲服後爲靺鞨國夾右碣石入於海碣石山在北平驪城縣西南自北海環入於河南向西轉而碣石在其右故曰夾右旋至兖州在濟瀆黃河之間復疏九河濟水鍾聚於雷夏雷夏既澤既澤不則汎濫也灉水沮水合一大水已平於是民得下丘居止始就蠶桑其田中下此州被水尤極司空言其耕作功難俟後十三

啟

載乃與八州同賦丹行浮於濟漯達于河轉入於海自海西迴至於泰岱是維青州境經畧嵎鐵之夷封畛東表之地以道封國高密之濰水前娶塗山氏女嬌懷孕一十八月於巳丑二月生子曰啟時啟生周年在家呱呱而泣司空治水爲急三過其門而不入曰毋以妻子撓吾心也惟相度地勢治復故道其田斥鹵居上下等賦出中上東萊之夷亦得以畜牧青州已定司空將至徐州已浮於汶濟共工逗留幽都分寄竄有工城暗結三苗同仇戮力不遜防之恐爲大患乃以既治地圖呈上大舜披閱見冀州之北廣大即依益地圖之教西北分置并州極北置幽州青

州之北遼遠，分置營州，建三州之牧，已丑冬令流共工於幽州之極，風俗衣服同於夷狄，三苗已失內應，聞讙兜被放，崇山諭其襲禹自攻帝都，幸毋論曲直請試觀恩仇

雲華夫人本三元弟子，今來傳法，固是酬師報本。禹續父績，以幹其蠱，建萬古不磨之業，咸知鯀有其子，此之謂大孝。

伯禹既得雲華之傳，又得水精之賜，已具許大神通，何慮厥功弗成。學道者精誠虔切，能如禹之治水奮志竭力，天必鑑而祐之。奚患大丹不得。

天帝尊稱。惟大舜能崇上之，惟大舜默會之耳

〇衡嶽峯金簡呈祥　〇岷山下王書告績

讙兜領族衆迎至淮泗伏茂林中待欲刧殺伯禹所經處先命伯益烈山澤而焚讙兜迯屯於呂梁禹乃堰住洪水古稱天險蓄三日開堤衝下通族爲渾沌之鬼今南方有物人面鳥喙而有翼兩手扶翼而行食海中魚蝦性極狼惡不畏風雨鳥獸或犯之至死乃休此讙兜遺性所禀而成也三苗發車徒攻圍國都揚言誅罪大舜令羣牧毋與之戰三苗糧盡向軍欲徙畢羽山西在沙州燉煌縣之東南三十里與弟饕餮相依舜遣陸終氏長子樊追至三危獲而殺之其族潰入西戎舜封樊於昆吾爲衛姓國在顓頊之墟濮水辛卯秋立上中下三軍左右分爲六師隷六鄉每鄉用一鄉率之無事屬司徒執掌

皐陶

帝臣死句
你秋聲

有事則屬司馬調遣、以民不知法、易於為亂、命咎繇為士、
治獄之官制五常之典、刑以齊之、墨、劓、剕、宮、大辟為五刑、幼小
弗識、老耄遺忘、愚蠢過失為三宥、以流放寬於刑、重於宥、
復以鞭作官刑、辦治官事者之刑、扑作教刑、教官所用之刑、金作贖刑、[illegible]
事惡、使出金贖、眚裁過失、為人作患害者、雖有害、猶赦之、怙終賊刑、如怙其姦
罪為不戒慎也、
邪、終為殘賊、則用常刑、不赦法也、
舜賜咎繇曰皐陶、言能高大堯之德政、世為大理、
後因官為理氏焉、乃頒示諸侯擬罪用刑、雖設而無犯者、使皐陶
諸工所以刑法告禹、壬辰、夏帝堯親作大章之樂、依華封
人所教命樂部奏之、增五絃琴為七絃、以合君臣之德、念
禹之勞、遺[illegible]齎瑤琴寶劍各一賜禹、時禹在徐州界為治

⊗無支祈、

得神符神將之力

浩瀚甚難正在相度忽見淮水泓湧渦陷中一物如犬太長十餘丈遍體魆黑其聲乎哦以身觸岸即崩禹召土人問之曰水神名無支祈每出則水漲相傳形猶獼猴力險九象人視之輒盲禹命衆矢射之其怪躍起水面化一猿狀回視伯禹鑽入水底禹遂以神符召童律等神將入水東縛此怪塞淮河泉眼上以龜山鎮之庚辰復用鐵索軟制不能搖動於是禹令人夫疏流貯其水於鉅野之澤東原始平淮沂二水既有趨歸蒙羽二山皆可種藝矣其田上中其賦中中經過羽潭致祭父鯀慟哭再拜投祭物於潭畎谷之翟其羽中旌旄之飾淮夷與徐戎雜居其水出

蠙珠美魚令貢爲祭享之用徐州旣治復浮於泗水其流四道東陪尾山西達於河北據淮南距海瀕海多蛟龍禹知其畏鐵作鐵柱鎭於岡岸直抵揚州界上遠望彭蠡之濵無數大鳥宿止土人云是隨陽之鳥[夏至行漸南冬日行漸北此鳥與日來去故名陽鳥令之鴈也]冬月居蘆葦澤中交春乃去伯禹爲人徒勞波時將寒沍蟄息以養其力江南春信最早即催趲起工光濟彭蠡之旁流都潴於澤[彭蠡在豫章即鄱陽湖也]東至揚州之藪曰具區汪洋如海湖水忽澎湃拍岸一異獸往來飛揚耳目俱無八首八足禹詢土人不知爲何物射之無一矢可中伯禹歎曰天乎不獲成功斯民長從魚鼈作矣抱悶不

天吳

已是夜夢一人曰工具區神也嘉君一意爲民故來相告此獸名天吳氣稟東方不食不死千歲乃斃須以庚辛之精制之但用頑鐵千觔沉之水底復令衆人鳴金鼓齊聲呼曰

彤其胥刻其腈戕鑼戕鑼委諸爲夷

乃可驅也禹記其言明旦令軍人如法行之金鼓響喊之聲震聞百里須臾雲開浪息禹知已除傳令開鑿三江（婁江松江東江爲太湖之委流）導且區之水以洩其勢中有七十二峯西洞庭山有林屋洞深杳莫測禹投神符以鎮之（具區一名太湖爲五湖之長廣三萬六千頃東方瀦水之咽喉故曰震澤又曰笠澤）三江既入於海震澤已定其

田雖下等其賦以人工能勤列下上第七等東南偏遠少膺王化伯禹乃會諸侯於具區之祁山稽功考過撫戢綏懷海外島中夷長亦率其旁島小夷航海來會瞻仰聽命以葛越木綿之屬爲貢禹敷宣帝德導引其歸命衆諸侯各貢方物伯禹尚欲極其東南忽有飛龍乘空以尾畫地導決水而出之知是南方應龍設醴祭之探聽浙閩甌越地皆瀕海多山不甚爲害惟江河川瀆原泉衆多入海不及故常旁溢遂復渡江北去逕淮泗入於大海禹於淮泗舒廬之間往來者六遂名其地曰六皋陶承命至工所宣揚刑宥之法禹即留催趲人夫布告百姓使知刑畏法又

蒼水使者

沿江西行北距荆山南極衡山之南是惟荆州之界禹前至一山有峰曰紫霄在南康（廬山）有石室深險禹乃刻石記事（後有好事者縋下摹得百餘字皆不可辨）至衡山致祭夜宿山下夢一玄衣男子稱是蒼水使者曰若欲得我簡書爾其齋焉禹齋戒三日果於岣嶁峰下得金簡玉牒皆蝌蚪字式其辭畧曰

祝融司方發其英沐日浴月百寶生

於是導江漢二水入於海江水出岷山之陽南流入蜀經過三峽與漢水合（三峽乃兩山相對一懸崖間有白石如月曰明月峽一橫亙百里曰夷陵二峽傍灘如隨人移動第三峽絕崖峭立飛鳥難棲過則挽舟逆上名空舲峽）三峽水門狹隘五丁力士開鑿不入火焚不裂土人齊聲曰不可爲也伯禹深

以爲憂曰岷山千里惟此一道若不安流其害更甚於淮水乃往告山神祈爲默助至夜大風卒起聲振崖谷勢不可遏有七人長大異常叉手至前曰臣靈六丁神將向奉雲華上宮夫人命助君斲石流波決塞導阨吾等托力於子孫暗助成功今至夫人治所未稟懿旨何敢擅施偵矣人東海之遊還過江上因告知其事令君往會焉伯禹悚然曰非即石室招見者乎神曰然禹即整衣隨行一路見峯巖挺拔林壑幽麗有巨石如壇場有獅子抱關天馬啟塗毒龍電獸八威脩軒森然侍從不可名識顧盼之際其擁衛之嶽或化峙石或變清流或倏然飛騰散爲輕雲泊

道出根源上清寶經是禹故物耳

然而上驟爲風雨或現游龍或爲翔鳥千態萬狀不可親近禹疑其狡獪非真問諸神將答曰天地之本者道也運道之用者聖也聖之品次真人仙人也其有稟氣成真不修而得道者木公金母是也蓋二氣之祖宗陰陽之原本仙真之主宰造化之元光夫人爲金母之女太真之妹西華少陰之氣也昔師三元道君受上清寶經於紫清闕下得受是職主領教童真之士能徊風混合萬景飛化之道其氣瀰綸天地經營萬物大包造化細入毫髮在人爲人在物爲物隱現變化是其常也豈止於雲雨龍鶴飛鴻騰鳳哉伯禹然之往詣崇巘之巔見夫人上坐乃拜而謝夫

人忙起身扶起設宴於擾堂之上伯禹稽首問道夫人遜巫語以妙道稱禹曰聖匠命侍女開丹玉之笈授以上眞內經金璫玉佩之文曰天寶其玄地寶其物人養其氣所以全也聖匠得此將久視存身與天地等也禹拜受謝宴告辭夫人仍命神將送回轉眼忽失所在禹於路問曰聞古止有五丁而何有六答曰童律爲西方至剛之神故招之以配丁甲之數專助正人陸策虎豹水制蛟龍斷馘千邪檢馭羣凶凡爲民害者悉能誅滅也禹肅然起敬還至山下臥所親侍無一知之密藏所授之物次日忽現黃牛九頭在前導水禹令五丁與工崖崩如雷上自明月峽及

夷陵即黃牛峽至空舲乃止三峽共七百餘里頃刻疏通至今
黃牛峽壁岸猶有遺影不滅故人皆稱神禹諸葛亮以峽神佐禹有功
建祠夷陵行人過此必誠敬祀禱諺曰日望黃牛暮瞻明
月宋有士子過峽舟中朗吟曰鑿開鳥道將千里得達巫
山第幾重空谷中連聲傳誦少頃
曰神禹以其似褻而合道語含之由是上合九江之水下
趨大海烏江蚌江烏白江嘉靡江沙江畎江廩江隄江箘江為九江實沅漸元辰溆酉澧資湘九溪水也在潯陽之南合而為萬里長江也導出江東之別支為沱水入江引涔水入
漢為滯水一名復水伯禹導水至洞庭青草二湖之東曰天岳一名蔡阜周五百里石崖壁立中產藥草百餘種禹命採而作
食復鑿篆文於石壁記其事沱潛既通雲夢二澤之水少
去其地漸可耕治藥即教民樹藝五穀其土田為下中賦

洛書出

可上卞癸巳七十八歲契奉帝命齎琴劍至伯禹拜受知契明於禮樂亦留於工所隨處施教使民敦倫有叙伯禹復入涔漢將踰洛水之汭有大龜出水探望舟近亦不驚動竒而取之長尺有二寸負文於背有數自一至九與衆端詳良久皆不之曉棄曰予勸農於雲夢之間楚二澤名雲在江之北夢在江之南聞有鬼臾區者黃帝時人精通術數熟諳玄機住問必得其理禹召土人引至清溪留劍自佩親執琴爲贄步入洞口鬼臾區正席地布沙爲圖童報客至即摸糊沙圖延入相見禹具道來由捧龜求教區曰此龜出自九江數合五行背癸之文乃戴九履一左三右七二四爲肩六

八為足惟五居中中者土火之子金之母寄於坤也伯禹恍然大悟不暇留連辭別而出其後禹因而第之以成九疇而皇極居五以一御八居中制外亦一中而已是為洛書六篇號曰連山為得於連山氏之國境作易以艮為首謂天錫靈龜納之於朝遂北渡洛水至於南河西南荊山北距河水限豫州之界先導伊洛澗瀍合流入於河次導滎波二澤及荷澤孟豬之水田為中上賦則上中間有第一浮洛直達河表東距華山之陽西據黑水之北乃梁州之界地多高山頗為易治深入蠻獠之地一山橫亘於前壅塞水勢禹命鑿之用功甚多因名多功山岷山江水所出嶓冢漢水所出連綿二千餘里軍士山行乏食禹命採山石以充飢

玄夷神使　蔡山神　蒙山神

衆疑而問禹曰昔太乙氏有餘糧石本一種也何怪焉因取而啖未果可食後名禹餘糧岷嶓二山皆可樹藝禹至岷山之北彷彿見一人身披絳繡長丈餘白面鬚髯而魚身自稱玄夷神使捧黒玉書一方詔曰水精至聖命授子以山海河圖之經告汝功業後至委宛并玉印一齊緘還言訖舞而入水有黄魚雙躍後隨禹視其赤文莫識未幾見雨神女立於泉上俄而不見乃旅祭蔡蒙二山之神蒙山有五峰前一峰最高曰上清禹聞有玉晨眞人居之設醴遥祭上降甘露於地其田下上其賦八等九等更治西傾山因桓水而轉道底績於和夷之地再浮於潛逾漢上之沔

水入於渭[illegible]而渡於冀之西河此水西據黑水東距龍門在冀州北相接崑崙之墟西北一隅爲雍州地境衆水東流獨導弱水西流至於合黎山右治汭與涇北流屬於渭理漆沮之水南從渭流理灃水同入於渭而達於河西至荆山更西至岐山禹喟然曰賴祖宗神靈獲治至此時因洪水祭祀久廢乃辦牲醴旅祭言治水功畢而告成也回顧終南敦物二山與鳥鼠同穴之山相望從渭水至西北豬野之澤凡原隰高下咸底績焉敦物即太一山又名終南華山在右扶風鳥鼠互爲雌雄同穴相處故名宜陟鳥鼠西南是三危境度其脈絡與岐山連時三苗之子盼聚族居此聞伯禹導水至乃率衆來

會禹知其賢令為西裔之長雍州田最上上賦只中下其崑崙析支渠搜皆西域之戎荒服之外流沙之内咸就次第之美河水發源於崑崙之南自地湧出百餘泓履高瞰之若列星故名星宿海其色黃而濁千年一清應生聖人之大瑞名曰黃河東北流至積石山（在金城西南）始入中國又東北流經沙漠折而南流入冀州之西故云西河橫過豫州直抵泰岱入海伯禹鑿通河水處廣八十步循小積石山浮河東北而下歷靈勝之北始順流南行至於龍門（西河斷崖懸絕相對如門惟神龍可越故曰龍門二山如闕伊水從中流出又曰伊闕水激懸舡而行兩旁有山水陸難通龜魚數千集其下不得上上則為龍）伯禹鑿之得通大夏并州之地不

壅塞也。又南至潼谷。渭水從西來。注齊會於渭汭。自戊子春始。至乙未冬功成。禹八年於外。腓無胈。脛無毛。荒度九州。勞身焦思。舉天下之民。皆得平土而居。禹抵河津龍門登陸。回平陽。大舜郊迎。禹同棄契皐陶益拜見於卧龍山下。大舜慰勞其功。招五人並車入城。引朝帝堯。告績。賜坐詳問。對以治導之次。帝復問致治之本。禹曰。當修金木水火土穀之六府。成賦於中國。封建諸侯。賜之土地姓氏。天子畿内方千里。去王城五百里。皆甸服。外五百里爲侯服。凡百里爲采地。卿大夫之邑也。二百里爲男邦。三百爲侯服。諸侯公伯也。賦式既班。章程始制。

無支祈爲水怪之宗乃神符一試而束身莫遁誰謂邪魔能勝正道哉世有爲魔所障者應是道之不高帝堯以偌大家業付舜而丹朱曾無爭執原是善類非罔水行舟若世之錙銖較量骨肉相殘之徒皆丹朱之罪人也

凡修道者須有煉魔手段方能成功堯之水舜之母弟禹之三孽二怪皆是也三聖能以堅忍之力濟之躋以證聖閼者慎勿作世事觀也

玉書之瑞水精予道以報禹迨後尼山顯化亦以玉書啟瑞兩兩相應自爲証驗非由史家之潤飾也

○○隱蒼梧七賢遊跡　○○○一遊嵩嶽五聖逢眞

侯服外五百里爲綏服、揆其風氣剛柔而施文敎三百里皆同外二百里則奮揚威武以衛內地綏服五百里爲要服外三百里爲夷外二百里爲蔡流放罪人之地、外五百里爲荒服三百里爲蠻二百里爲流、如是東漸於海西被於流沙南暨交趾朔及幽都聲教訖於四海矣、帝曰善錫禹玄圭以表顯之告成功於天下帝命舜論功封爵以酬諸人大績舜至文祖之廟會集四岳羣牧封禹於豫州河南攷國曰夏姓姒氏封棄稷於邰賜姓姫氏、等至虞展封契於太華之陽國曰商賜姓子氏命臯陶爲士師因其生於曲阜偃地賜姓偃以勾龍之子垂爲共工

玄玉之女
朱
虎
熊
羆
一伯夷
曰夔
一龍
篯鏗
一本有荆
山太行鄉
琊天目而
稽會稽沂
汪霍

以益爲朕虞加封伯爵賜姓嬴氏號曰伯翳食采於泰山之費邑賜以皂色旌旆之旒妻以姚姓玄玉之女以朱虎熊羆四人元愷之後爲益之佐垂子伯夷誠敬命爲秩宗主次尊卑夙夜維敬以夔爲典樂使教元子諸子弟命龍爲納言之官喉舌之司是爲九官咸再拜受命又命陸終氏第三子篯鏗濬道川水定十二州之界設十二牧伯以守之爲養民之官舜封兗泰岱爲東嶽雍太華爲西嶽荆衡山爲南嶽幽依無慮山一作醫無閭爲北嶽豫嵩山爲中嶽立五廟祀之揚會稽山青沂山冀霍山并恒山梁岷山徐芒碭山營碣石山爲州之巨鎮濬道十二州之川以防水患兩

辦得有理

申八十一載夏禹移眷屬就封國子啟已九齡英偉敏達禹甫識面歎羨塗山氏能教其子乃相與入汶川石紐鄉拜謁家廟石紐村今曰石鼓山有大石如卧牛狀鼓之則鳴又有大禹採藥亭在大業山其地樂氣鬰人不可深入石紐山下方百里夷人不敢放牧六畜六月六日禹之生日土人競持牛酒祭於廟後人掘地得古碑有禹穴二字伯禹回國捧岷山長人所授黑玉書進問大舜舜辨之曰長人出類也黑水色也玉重寶也書文章也告汝理水之功將成與帝錫玄圭同義但其書莫識留俟高明禹收藏之舜念伯夷修職不怠惟寅惟清進爲四岳主祀享山川之禮封於呂賜姓姜又以羲和之後列封爲八伯以伯夷爲陽伯羲仲之後爲羲伯棄爲夏伯羲叔之後爲羲

伯咎繇爲秋伯和仲之後爲和伯垂爲冬伯和叔之後爲
和伯帝堯謂舜曰昔黃帝遊天下名山者八三在夷狄五
在中國首山其一也欲偕汝登觀河渚以見禹勞舜從之
遊先有五老人在河之渚帝至若罔見一老言曰河圖將
來告帝期一老曰河圖持龜告帝謀一老曰河圖將來告
帝書一老曰河圖將來告帝圖一老曰河圖將浮龍啣玉
包金泥玉檢封盛書語畢忽化流星飛入於昴不見衆大
異之帝同郯紀其事丁未九十二載報有黃龍現於河舜
與羣臣觀於河濆黃龍從洛水詣前鱗甲閃爍負黃符圖
璽授於舜良久乃逝有龍子一頭舜獲之回都令弄臣於

㈠雄陶 ㈡方回 ㈢續牙 ㈣伯陽 ㈤東不訾 ㈥秦不虛 ㈦靈甫

桐鄉澤中豢之賜姓董氏（後□□□□□□□ 去聞喜有董澤）帝知舜德至孝純明庶物察人倫神享民安有十瑞相應景星耀天甘露降地鳳凰止於庭烏鳥化爲白宮中芻草化爲嘉禾穗木生黃蓮莛蒲生於廚脣草朱長七尺黃龍授圖鸞夾萃朝帝遂深宮娛老舜不敢以事相瀆舜微時有七友（先以七仝）曰雄陶方回續牙伯陽東不訾秦不虛（一曰不空）靈甫常相周旋於歷獲之間採其善言而用舜既登庸即遣使招尋不知其蹤命往方岳訪之麗山繡嶺下有七人浸溫泉而浴其泉澄澈不火而熱七人相顧曰西北地寒惟此泉稍溫今冬何以卒歲盍往蒼梧就煖使者異之旋問果是告以徵召

（爲引）（伏脉）

之旨七人徐起彼衣曰聞已受禪貴賤殊等不復與之友（漢高品）
矣齊往南步去使者不敢强歸報大舜不勝歎息是歲乙
卯秋有一人素衣玄冠（斯何人也）歌於都市曰
　鹿伴宿鶴折足龍入於淵黎民痛哭
麈吏欲執之其行捷如飛馬麈吏奔告於朝舜解曰鶴鹿
與龍皆陽物也蟄藏羣虎歲必嚴寒恐有不祥事冬十一
月果大寒河瀆氷凍至底山林雪積如銀衆畜僵死無算
人民膚體皆坼裂帝靜養後宮夢上帝有勑使召遊城陽
病而自知命終召舜至囑以敬天愛民爲重日乎凝然無
疾而逝帝立七十年得舜爲司徒越三年令舜攝政又二
十八年薨之於天令舜實行天子事[illegible]避位[illegible]

八年共即位百年壽百有十七歲后妃子女大舜羣臣皆舉哀跌慟百姓
悲哭罷市如喪考妣四方不舉音樂舜請丹朱主喪葬帝
於東梁山之陽穀林（在雷澤城陽縣東）諸侯推舜聽政舜曰向之
妄攝天位者順帝之意也帝已升遐國有嗣君然天子居
喪三年不言予且權攝宰職後仍歸政也丹朱諒陰無事
般樂愈甚舜屢諫不聽逾年天道寒冱丹朱恐火德將衰
捨平陽舊都令舜居守乃東遷慶雲山以就生方（今長子縣有丹
朱城）築一臺於絕高處上堆柴火薰灼星斗使回陽和之氣
曰熨斗臺舜見三年喪畢乃避於南河之南（在九河之最南）擇賢
而事聞黃帝之子二酉藏書於五溪烏速山有其六世孫

善卷

臨沅水而居止善文卷典籍博綜今古因名善卷志行高又以唐衆作引邁堯聞其得道曾欲北面師之而不知其處舜乃枉駕其門後名其居與之談論竟日學問淵源問其所得云有遺處曰枉漸山漸引出諸人

紀后

策千卷賴紀后常來指教畧知義理舜問紀后爲誰善卷曰其人篆文字跡無所不曉乃黃帝時左史倉頡得古仙人偓佺金鑑代形之法雲遊人間常於中條蒲子山來往

蒲衣子

舜問偓佺何在善卷曰身穿蒲衣更名蒲衣子二人或聞談洞府或結伴出遊遇一則可偕見矣舜曰是吾堯之師否善卷曰然大舜重許會期而別是夏舜至蒲子山衜路而上但見洞門深閉候至紅日沉西有童荷鋤上山舜從

衆施禮問尊師何在董指篋笑曰吾師今早下山令劉黃精爲食約有一石始回山洞也舜視不盈篋底曰劉一二十枚非三四旬不能回侯還山時再來求見蒲子山與嬀汭相近耕歷山時雖聞其名未暇拜謁今時訪之不值快快而回多人遮道擁迎乃在都諸大臣惟禹不在因母修已病卒營葬於平山稷契奏曰丹朱不道諸侯皆叛多有謀攻之者朝野皇皇丹朱懼不自安乞定蒼生大計舜大驚曰不意更變若此且居此以觀人事合天始可議也於是止足於船山左右有金烏玉兎二峰相對當時諸侯朝覲訟獄謳歌皆歸之於舜百官勸渡河即位大舜見此時

勢歎曰天也乃與衆至中國即於嬀汭歷山之間相接中條山界建都立廟國號有虞都城曰虞坂爲能親近蒲古文名蒲坂（蒲州有虞都古城陵寢尚在）大舜至文祖之廟告即位焉時己未夏六月也（舜年二十以孝聞年三十帝堯舉之逾三年登庸攝政五十三行天子事六十四代帝位）帝舜慮有謀害丹朱者先封於荊豫之域有山石室如房謂之丹淵（郇陽房山也）命重衛送遷外運遺牛羊黍稷使奉堯祀禮樂如之是謂虞賓以示弗臣丹朱惟以奕戲爲樂（深得蒲大之化）不與庶事亦知天意在舜也帝舜以土德王色尚赤以天子旌旗儀衛往迎瞽瞍至都瞽瞍向已底豫帝見之猶戰栗恐懼封弟象於有庳（象獸有鼻可執持而止庳與鼻同[illegible]州零陵有鼻墟即封象地）

惡其行止，貴德上齒也。

使吏代之爲治，而收貢稅以納於象帝。建大小一學（太學曰上庠，在西郊；小學曰下庠，在國中，以教國士。）祀先聖先賢，皇（冕名。）而祭，始作韠（所以蔽膝，以韋爲之，尊祭服也。）載牲之體以梡，（兩端赤漆，中央黃漆。）養國老於上庠，庶老於下庠，俱舉燕禮，服深衣（白衣也。）帝舜紹堯之後，又得諸賢以任衆職，不見其有所作爲，恭己正南面而天下大治。乃畫衣冠、異章服以代五刑。（法當黥者皁其巾，當劓者丹其服，當臏者墨其體，當宮者雜其屨，大辟之罪殊刑之極，布其衣裾而無領緣，投之於市，與衆棄之，故後世斬爲棄市。）由是民益恥於不善矣。庚申二載初夏，帝舜乃彈堯初賜五絃之琴，歌詩曰：

南風之時兮，可以阜吾民之財兮；南風之薰兮，可以解

吾民之慍兮

帝思樂以和神明洽上下命南正北正舉知音律者二正舉夔帝即以爲樂正命益七絃琴爲二十五絃昔朱襄氏作五絃瑟采陰氣以定羣生瞽叟乃拌五絃爲十五絃之瑟贊於太章帝立乃益八絃爲二十三絃之瑟是曰雅瑟又輯上古諸樂癸亥五載樂正夔修九招六列六英之樂以明帝德於是八風以通天下諧服甲子六載始當午會大數一萬八百年爲一會共十二萬九千六百年爲一元邵子皇極經世本此時帝巡狩羣后德讓貢正聲而九族具成乙丑七載帝廣開視聽求賢自輔亦立誹謗之木於市設旌陳鼓於朝以啟直言之路訪不逮於

神斗又詣天府每念蒲衣紀后在近未追進訪當暮春融和留
皐陶守國具禮物同禹稷契益帶從者百人步出東郊路
（遇得有因）
遇前劉黃犢童子與童輩數人皆負鍾攜筐而行帝召問
尊師在山否對曰吾師知有貴人來會勑我輩採辦殽果
以備食用昨晚為務成子招去嵩山會語不知今可回未
帝曰久聞務成之名益往嵩山晤之童曰可願為前導帝
大喜與諸人登輕車疾馳路經首山帝曰可一登以追雅
度上山眺望移時乃兼程至中嶽東曰太室西曰少室務
成與玉晨已往青城蒲衣在嵩高待舜帝步至西北麓少
室中見一人蒲衣中坐旁二人相陪伯禹曾會過一人趨

拜於前其人答謝帝問高賢姓氏禹曰洛汭獲靈文質諸雲夢先生即此位也帝極致契慕乃私問曰衣蒲而瞑目者已聞之八歲矣東向而黃衣者抑非紀后乎鬼臾區曰羣仙隨務成去後紀后即往五溪招善卷同來故我與金蟬子伴坐於此以盡地主之情正言間遠聞直南呼乎鳳嚮蹡息覩一乘小車如飛捲至中坐二人一是沅水善卷見彝在側立候急挽轡停驂跳下施禮各訴契濶紀后慢偏作落落難合狀步下車不與衆爲禮逕默坐於蒲衣肩下區曰二老素性高介蒲衣又新得務成沉默凝靜之旨若謹事紀后或不吝教也帝與禹等四人朝上拜伏蒲衣若爲不知紀后遂

一扶起送坐笑曰子等皆一時君相何自屈若此帝曰爲
思永久平治計聞我師有經綸大才故敢求教也紀后贊
曰子有天下而不以爲樂憂及後世可謂仁至矣帝惶遜
不已舉目竊視其容四目炯炯巨口龍顏愈覺肅然起敬
區謂禹曰承惠瑶琴伴我小間岑寂惜未携來對故人一（閒中點綴以作照應）
操禹謝曰所教玄理至今佩服偶得黑玉書一方未解其
文乞先生更教之鬼臾區曰庶事物理或可强解凡書文
必質諸紀后無不明也大禹請帝轉叩紀后紀后瞭然曰
此地平天成用開大夏八字成功創業之符驗又作蝌蚪
文篆數百爲字體之母以授帝帝拜謝愛之漢張芝獲蝌蚪古書於巖

仙又亦用來駕車乎

下此即坐少頃童子盛具肴果以進衆皆舉筯遜食蒲衣忽開目憑几手捉肴果擘而大啖旁若無人食畢復閉目不（故作倨侮妙）動帝見其凛凛莫犯乃微探紀后曰養高山林一身愛益亮功廊廟萬國咸寧二者孰勝（以漸說入）紀后曰動靜有常各有趣向唯其所好也帝又曰我師抱負非常如得一展弘謨自（直逼進去）當政乂民循垂功萬世不尤愈於獨善乎紀后未及答蒲衣瞋目厲聲曰絮叨已久漸及世事塵俗逼人不可留也躍起挽紀后之臂同登小車不辭衆位即控轡策馬如弩石離弦轉眼不見諸童子隨後追去衆人恍惚若夢帝默（再作一折）然自愧盍在旁觀其轍跡沉吟曰何神速乃爾得效其製

識此可以止貪

行於山澤間何慮崎嶇險道哉區曰此務成子所乘之軺車也其法機括溜利輪輻輕巧所以併駕驪馬登絕谷如坦途益求其式區以佩觽刻畫於板載其轄關分寸機發盈虛盈收而藏之時天將暝俱欲別去帝憂形於色殷勤執善卷手曰蒲衣紀后巳成烟霞錮疾先生如與僕同志憂念生民願共載回以理天下善卷曰昔唐氏之有天下均平安靜不知慾喜子盛爲衣裳繁調五音丕作皇樂以眩愚民之耳目亂從此始矣吾冬衣皮毛夏衣蘿薜春耕種形足以勞動秋收斂身足以休食日出而作日入而息逍遙人間志意自得履足之外俱爲無用之地何以天下

名言醒世

爲哉悲夫子之不知也帝見言辭甚遠不敢復言惟嗟歎而已求賢如渴吻憂國每焦心

此言舜禹治世之功既畢即其修煉已成始信空山自守不如行道濟時之爲功甚鉅

以上務卷七友諸人天然高潔視富貴如泥塗避之惟恐不遠即不曰修道而脫然無累之中何莫非道前伏羲五人遇鬱華於竹山蘇表大舜五人遇蒲衣於少室遥爲照映前五人中有補天之女皇後五人中有平水之神禹更爲奇匹

○○○七星巖龍神聽樂　○○○九疑山帝舜歸真

區留善卷到清溪過宿諸人起送帝見前途昏黑欲就宿太室金蟬子命童捧珠前導扶帝直上中峰登大光堂旋入樞陽殿皆金碧交輝呼少子惲善出見即設筵款待父子相陪共七人對酌惲善擎異草食帝味甚甘美問其名曰此閒強山所出含眞草黃花赤實服之益壽強精席間管絃雜響女童歌舞獻酒帝只低首沉思金蟬子曰吾子憂國太過矣舍近求遠自貽伊戚也帝問其故金蟬指示曰子五人德配五行當生生相繼而王但遲速不同耳帝再詳問笑而不言帝思禹功德爲最自是更屬意焉舜后

商均

娥皇無子女英生一子曰商均愚魯無才故欲以天下禪於賢者明旦欲辭別下山却露宿於巖下並不見殿庭人（或現或隱令人莫測）跡徃尋清溪亦迷失所在乃取路回都將濟河見一山屹立中流斲削若柱水勢湍急舟不可渡帝曰此何險也禹曰此山適當河道鑿以通流留石以分水勢植立若柱故曰砥柱南流至急觸之即傾故號鬼門中道縈迴如穴舟行旋溺雖神靈莫過故曰神門北勢稍慢曰人門俗名三門山（空邇人遠）禹命從西北斜渡將及都鄙路經蒲子山歎望之一回知不可再見遂還朝臯陶迎曰三苗子盼已死其衆復叛帝曰朕不德故三苗反覆殺伐有傷天和俟其自化可也乃作

大唐之歌以撫羣后戊辰十載始立考績法核實功過黜陟幽明三載一考功因三苗作臣作叛復分析流遠善留惡去使不相混猶後世部分爲生户熟户也於是遠近衆職咸理帝乃藏金於巉巖之山捐珠於五湖之淵俾下服度以杜淫邪而絕覬媚作米廩於學宮以藏帝籍德教及於荒服南至交趾北户西至西戎析枝渠廋氐羌北及山戎北發息慎東至長夷鳥夷壬申十四載有大星如半月現於晦朔之時有烟雲繚繞凝露不散八伯曰王者政教無私則景星出德合於山林則卿雲興帝乃作歌以報其事百工相和而歌曰

台璽

卿雲爛兮糺縵縵兮日月光華旦復旦兮

八伯咸稽首進曰

明明上天爛然星陳日月光華弘於一人

癸酉十五載夏瞽叟病篤帝日禱於天調治莫効殂於中

秋三日帝齊衰飦粥悲痛無已未幾後母亦殂遷嫡母握

登柩合葬於孟諸澤畔丁丑十九載帝始設朝禹與夔作

九招之樂簫韶九成故曰九招（簫執之以 者韶樂名）舞泠倫輩奏之

鳳凰來儀百獸率舞朝野歆帝之德欽禹明於度數聲樂

帝曰天下之情得失之節夔能和平之一而足矣是時稷

契皆老辭歸封國丙子十八載秋稷之子台璽（元妃姞氏所生自）

叔均

昭明

郃來告父甍帝泣慰其歸台璽葬父於廣都之野（在國西黑水青水間）哭泣過傷踰七年亦卒子叔均繼立商勢後稷三年而甍帝哀泣詔立其子昭明庚寅三十二載帝曰朕宅位已久年及耄期倦於勤勞乃命禹曰惟汝功德盛大天之曆數在爾躬終陟元后之位人心惟危道心惟微惟精惟一允執厥中此存心出治之本也禹讓皐陶帝不聽明年辛卯朔旦帝至郊虞祭薦禹於天復會於神宗帝堯之廟告攝位之命大禹攝位三載內外循敎惟三苗昏迷弗恭帝歎曰有苗弗率姑容愈肆命禹徂征正其罪甲午春禹徵集羣后誓於衆用益爲佐有苗負固不戰大禹相持三

旬不克恐勞衆力意欲班師益曰威或不逮增修其德無遠弗屆滿招損謙受益天之道也禹拜曰昌言也遂振旅而還帝乃大敷文德舞干羽於兩階七旬之後有苗民相謂曰此盛德之君也皆感格來朝貢以方物帝舜以爲付託得人終日逍遥散慮每念雄陶七友聞有蒼梧之行欲往訪之丙午初夏帝命巡南羣后諫曰既得其壽宜靜處調攝何必遠涉蠻地帝曰乾道健而好行惰則生疲乃駕益所造軺車命夔帶伶官百人共侍從千人別二妃及大禹諸人一逕進發其時暑氣方盛軺車雖速奈從人牽絆一日止行百里渡漢江涉洞庭將至有鼻忽有鼻臣吏哭

所謂桂林象郡傲象有此雅懷蓋亦化於舜矣

奏其君象已殂帝大驚冒暑疾行兼臨其喪及至已殯命附葬於父母之側其妻子告曰有遺言云死必葬於桂山愛其陵谷深邃叢桂清香也帝允之親護喪車安厝從者大半中暍令隨鼻國夫人回都（南雄桂山有鼻天子墓）留精健者與泠倫一部隨駕啟行在路歎曰未會七友先喪一弟浮生若夢天下何足戀也未幾經秋歷冬春意復生帝覺神思不爽乃於一山下命泠倫冀奏九成之樂令夔教萬舞以娛心志夔乃左手執籥右手秉翟使衆隨揮而轉武用干戚文用羽旄帝大喜賜夔曰萬王（後名山曰韶山水曰韶水即吉州萬安縣界）又至一山有九峰相映下有九溪亦皆相似帝登一峰望

萬王

勝景俱足
與人

只泉
龍神

之形皆彷彿故名爲九疑山其山半皆蒼松翠竹下臨清
澗時又夏秋之交澗中多黃色蓮花香氣盈谷帝瞪目呼
曰此非都鄙鳴條耶（或是舊遊地）距蒲坂二百里地曰鳴條帝嘗出遊歎曰死後得葬此地足矣得與
七友偕隱於此如耕歷漁雷時朝夕盤桓以終其生豈不
樂哉起程復南度大嶺至一山古松蔽日層巖臨江旁一
洞帝暫避暑入坐月上東山遙見三峰鼎峙萬桂參差香
氣馥郁興致不淺命泠倫奏樂居民集聽中有龐眉老叟
出謂帝曰樂則盡善器猶未佳也帝恭問曰吾翁誰氏審
昔若是叟曰我八泉龍神五頭氏祖龍第四子也帝不爲
怪與之東遊桂林龍神引至七星巖七峰列如北斗巖亦

仙境迭見
引人入勝

石室幽曠上多怪石高插雲表濵江三洞一曰水月景致最佳月照澄江金波晃耀一曰棲霞入洞行百餘級始得平地云盛夏無暑隆冬温煖復至一洞兩崖壁立仰視洞頂有爪痕其下水聲湧激如在三峽中帝與龍叟泛舟於此凉氣逼人毛骨聳曰吾欲去矣可會於八泉言訖躍入水中因名其洞曰龍隱帝遂上崖步回從人報有雙鳳巢于山西後名虞山亦名舜山洞曰韶音再欲南往土人諫曰番禺邊海車駕不宜遠涉風塵帝曰吾欲遵海濵而旋謝別土人一路問至八泉不知龍叟何處曰始以樂會再奏之必見遂登山憩石作樂老叟即至曰予眞信人也來顧老朽謹以玉

披衣子

笙一部相贈女媧時臣隨（遥應）所造須採昌山竹石配之帝問昌山所在叟指前山便是帝命泠倫輩鑿石爲磬截竹作簫叟促試之果是不同帝撫掌歎曰得吾翁指教始知樂之美備必有異人往還（問以啟之）方能如此明察叟曰此山頂石池有泉入所曰涌泉香泉甘泉溫泉震泉龍泉乳泉玉泉因名靈池山見我常出入其中又名翁水其發源處居人汲飲壽過百齡（引起下文）有蒼梧何侯慕長生之道多交異人常來汲水與有黃先生鍊赤水神丹我因探問而知然未得其詳也何侯首問道乎披衣子披衣曰若正汝形一汝視天和將至攝汝知一汝度神將來舍德將爲汝美道將爲汝居

汝瞳焉如新生之犢而無求其故言未卒何侯睡寐披衣
大悅行歌去之曰形若槁骸心若死灰真其實知不以故
自持媒媒晦晦無心而可與謀彼何人哉何侯復問於有
黃四問而四不知何侯因躍而大喜行以告蒲衣子蒲衣
曰而乃今知之乎有虞氏不及泰氏有虞其猶藏仁以要
人亦得人矣而未始出於非人泰氏其臥徐徐其覺于于
一以己為馬一以己為牛其知性情其德甚真而未始入
於非人也何侯南回遇許由問曰子將奚之由曰將逃堯
曰奚謂耶由曰夫堯知賢人之利天下也而不知其賊天
下也夫唯外乎賢者知之矣於是回遊焉帝舜聞龍神之

尹疇子

友於舜即位則避之遜位則見之眞是高品

言趨駕到蒼梧地界正尋問間見多人携酒來迎爲首一

妙得奇

人長髯白面鞠躬道旁曰車駕辱臨敝地失於遠迎帝詢

曰子何人而能知我其人曰朽爲舊族後曰何侯堯時隱

此山及今有二百餘口飲乳泉菜泉之水皆壽至三百餘

歲更賴有黃時降吾舍講養生之術先招巢父許由嚴僖

會集有意

三人來隱繼有雄陶等七人遠來今有黃受尹疇子

一作尹壽

子之法欲鍊神丹昨云帝將到舍併邀道友相會令我在

應前來意

此恭候帝聞七友在彼忙至其家何侯招七人出見帝致

今可見矣

渴想之誠羨歎巢許高風歡然相聚有頃何侯置饌十二

位對坐談玄侍從皆宿於庄舍飲至更餘忽聞音樂鏗鏘

奇笑

巢聖

東廚司命

香風披拂帝疑是洽倫所奏及見軿車羽幢旌擁六位仙長從空而至帝與衆降階迎入禮畢坐定一黃衣者拱手向帝曰知予到此邀諸仙長來會青繡袍者東華元陽父是爲天帝白玉搖環者龜山金靈母是爲西后凡世間應仙未仙者悉皆禀命吾子功成行滿故邀來證明天帝又帶安民居止之巢聖始爲飲食之燧皇一掌東宮仙籍一爲司命東廚皆能考察人間功過于即堯時卜者有黃近欲鍊赤水丹須得陰陽配耦水火相濟蒙金母以少女玉巵配我助成大道號曰太真王夫人帝曰王夫人抑從母以王爲姓乎有黃曰西母偶於南海禺山架宇而居自謂

帶出配偶之事

可人

何婉姈

可人遂以何爲姓字曰婉姈號曰太虛化育南人雲遊蒼梧山見齧缺好道留居月餘賜曰何侯乃傳以絕疫之方予於炎黃時嘗爲王倪太眞從我之姓耳帝又問先生淥鍊神丹聞受傳於尹疇子是果何人有黃曰鄧務成更名也帝始知其詳再拜叩升遐之期天帝垂目不對巢聖燧皇取簿籍查檢良久呈於天帝視而頷之曰君哉舜也昇舉有期矣帝不敢再問拜謝退立巢許嚴與七人亦向前拜問可得仙道否天帝亦令查檢二聖閱籍覆占天帝謂十人曰汝等品行雖高然獨善其身無益於世仙猶未也西母呼何侯曰聽之仙籙以修煉爲次功行爲上子須努

力前程毋自惰也有黄曰建功立行是修煉中首事前所
教汝飛步之法大可遊行濟世何不用之侯唯唯聽命
天帝起身命駕臨行語帝曰異日當令五帝下迎早歸方
諸受職以琰圭贈之金母曰前所遺玉琯攝之勿失空中
仙樂復起隊仗簇擁而去帝舜已諭其旨即梳洗更衣默
處一室左秉琰圭右持玉琯恭候天符纂許十人另在一
室相戒東不訾曰富貴誠非素願不屑攀援但既遠離塵
俗仙道或有可望而東帝未許奈何方回曰子不聞獨善
無益必須濟世立功我將從此改行矣衆皆曰此時忙忙
遠伏
涉世猶恐不及耳方回默然不語未幾東方發白外舍從
主意已定

說到此時渾不信只與無福入蓬萊

人早起秣馬駕車以伺忽聽一派樂聲見帝與衆仙談笑而出侍從皆站立拱候帝冥行不顧漸漸足底生雲如履（樂哉）階級步入重霄不見奔報何候諸人言帝已飛昇去矣衆趨入臥室見帝黙坐榻上閉目垂眉已無氣息肢節猶温軟如故衆羅拜大哭時值春初夔命扶入輻車載回都中（仙都在此）料理在路速行恰至九疑山下輻車頓止莫能移動侍從驚異飛報大禹諸臣轉報二妃商均大禹委皐陶理政從歸水至九疑泠倫輦接見言帝初到九疑極口贊美今停車不進非有意於此耶帝屍顔色不變皆撫屍大慟禹命脩辦梓棺議葬於湘江之南九疑山左是謂零陵又曰永

陵有鳥名憑霄銜青沙珠成隴阜（阜名珠丘）二妃倚巖啼哭三晝夜淚盡繼血灑竹上成斑痕（至今巖下斑竹森然）萬王葽不欲北歸乃留於南立一土城（伏後）於桂水之東以居（桂東有萬王城與劉纂相近）二妃同來此同既渡瀟水將及湘江相對泣曰帝既棄世我爾安歸乃援帝所彈五絃之琴鼓而作歌以寫悲怨曰

一片白雲青山內一片白雲青山外青山內外有白雲

白雲飛去青山在（後人增益其辭名湘妃怨）

歌罷哀哭俯視湘水（亦是水化）齊躍入江中侍女忙救不及商均大慟撈起備棺盛殮附葬於永陵之右禹勸商均回都居喪至中岳嵩山向商均辭曰謫陰有諸臣代理予昔侍駕到

此足知林下風味將從滿伊予遊矣甘老山林同夢永辭廊廟僉謀

堯舜俱以天下生民爲重故汲汲求賢自代雖遇仙眞亦只冀其出而治世未及爲己求度世也此等心腸正是得道成眞根本

八泉龍神應是有黃使來接引者特借聽樂以相見耳覩其聚十隱士於何侯處相送歸眞可知

堯舜之證果儒者不知必以爲附會之說亦知帝王將相非有根器者不能爲也至晉時顯化於九疑山度女眞王妙想成仙好道者庶見其書耳

此大禹眞心語

觀此數語商均非不賢也

禺號

滛梁

番禺

奚仲

吉光

晏龍

□□神農鼎九州定位　□□□陽州天大禹還元

商均曰大禹身持築杵鍬臿而治水致膝脛無毛雖賤厮奴虜不過於此功績旣高勞苦已極宜君天下與衆臣苦勸禹乃勉至都中臯陶還政於禹時戊申秋日也帝舜共在位五十載年一百十有三歲至辛亥三年之喪畢諸侯咸奉禹即位禹乃避入中嶽陽城潁川洛州在嵩山之陽二十里諸侯之朝覲訟獄謳歌者亦皆歸禹商均知天命攸歸自揣才力不及諸弟八人禺號滛梁番禺音潘俞奚仲吉光晏龍三身義均番禺能造舟奚仲吉光能為車晏龍能為琴瑟教氏歌儛義均能為巧倕是始作下民百巧皆不能平治天下商均乃率衆至陽

三身

△義均

◎◎夏禹

城敦請大禹不得已隨衆同都王神宗廟再拜受命然後即天子位遠方圖進方物之像貢五品之金禹以金德繼土而王國號曰夏承有虞以建寅月爲歲首改載曰歲壬子春正月爲元歲治尚忠色尚黑牲玉用玄遷都平陽念丹朱年老遠居房山乃築鴻郎城於帝堯始封之地仍曰唐迎居於此又築虞城於孟諸任商均居守商均能辨正九韶之音禹敬之二子皆有疆土以奉先祀服其服禮樂如之以客禮見朱卒葬於太白山封其支庶於洛水守冢宗

◎有扈氏 ◎褒氏

禹分同姓之國十二封有扈氏褒氏於西岳封有男氏斟

◎有男氏

◎斟鄩氏

鄩氏於河南封杞氏戈氏於睢陽封彤城氏辛氏冥氏棼

□杞氏
□戈氏
□彤城氏
□辛氏
□冥氏
□費氏
□繒氏
□斟灌氏

冀州封費氏於江夏封繒氏於泰山封斟灌氏於北海三月虔脩太牢之禮親往羽潭祭父鯀至塗山故宅（今虹縣）會合諸侯宣布受命帝禹平乾東土所活千八百國諸侯戴德各執玉帛來朝皆賞賚撫綏冬十一月歸都別營都城於中條之間曰安邑遷而都焉建國學者三太學爲東序在國中小學爲西序在西郊鄉學曰校收而祭（收冕名其髮也）歟載牲以歲（三足畫禾稼文）盛祭酒者曰璣營清臺以觀天造足鼓以聚衆養國者於東序養庶老於西序俱服燕衣作樂曰大夏以五音聽治懸鐘鼓磬鐸鞀於都門爲銘曰教寡人以道者撾鼓諭以義者鼓鐘告以事者振鐸語以憂者擊

英六 鬵 章亥

磬有訟獄者揮鞀帝禹勤察民隱遍訪賢才一饋而十起一沐三握髮聞一善言必拜謝菲飲食而致孝乎鬼神惡衣服而致美乎黻冕卑宮室而盡力乎溝洫承唐虞之盛治不敢變法癸丑歲皋陶陳知人安民之謨帝禹以政治均平皆陶之賞罰得中厥功最大薦之於天且授以政皋陶病卒帝泣曰何天不欲平治耶命葬於六城之東（壽州安豐縣南一百三十里東都陂內有大冢）即封其子孫於英六（春秋蓼國偃姓即其後）分其支庶於鬵（許州）潁川帝復推於衆臣唯伯益爲賢乃薦於天俾攝相事初錢鏗以善斟雉羹和滋味事堯又通算數勇若盤古舜故使其量度地數鏗聞夸父之後有章亥豎亥二

豎亥

子健步亦善算使之爲助二亥兩足步數右手把算左手指畫章亥步自東極至於西垂得二萬八千里豎亥自南極步至北垂得二萬六千里至是乙邳四歲夏五月錢鏗歸都復命帝封徐州彭城爲食邑是曰大彭子孫遂稱其爲彭祖北地平靖帝復爲九州命九牧治之立貢法一夫受田五十畝討其五畝之入以供賦以歷山之金鑄幣即今之錢贖民之賣子者帝謂天下一土立天下者可稱王自後或王或帝之稱禹王以遠方圖物貢金欲鑄九州之鼎以圖象百物而爲之備使民知神姦命太史卜之其繇曰

逢逢白雲一南一北一西一東九鼎既成遷於三國

成光

儀狄

王復收天下之精金美銅使巧工成光摶土爲范范範同式也後即以爲姓天以夏德之盛降二龍以示象於是鎔金鑄爲九鼎象九州之山川土地人民鳥獸草木及細微百物各以字篆記之足其上有龍文謂之九龍神鼎王便成光御二龍行於域外既周而還王曰昔黃帝作車少皞駕牛朕今駕馬驅馳使捷命奚仲爲車正更建旌旗旂旐施於車上以別尊卑旂旐旌旗上之旒帶是冬嚴寒近侍儀狄作旨酒以進禹王飲之甘沉醉竟日越且乃醒歎曰後世飲此必有亡其國者遂疏斥儀狄而絕旨酒每於春秋巡行郊野察民所不足而補助之諸侯皆取法焉百姓

慶曰

吾王不遊吾何以休吾王不　吾何以助一遊一豫爲
諸侯度
丙辰五歲秋八月天雨黃金三日羣臣賀曰是應金德王
之徵也王命收貯內帑以備歲凶賑濟丁巳九月王出遊
見有罪人拘攣於道乃下車對囚而泣問其冤苦左右曰
彼不順道何痛之王曰堯舜時人以堯舜之心爲心寡人
爲君百姓各自以爲心是以痛也姑宥其罪如怙終不悛
則用刑不貸也民亦泣謝而去冬十月傳命東巡大合諸
侯於十一月朔塗山取齊泗上諸侯率先來赴營正室九
間秪候駕臨左右草創館舍數千以待來者居止王以政

事悉授伯益使番禺駕舟奚仲駕馬倍道疾趨晦日至塗山時昆吾正盛倡率西北二千餘國來會共葬王室四方諸侯皆至預三十里外迎車駕駐正室步卒皆以紅綃帕抹其額以爲軍容盛飾次日清晨鳴鐘擊鼓諸侯畢集外庭候駕升殿爭覩天顏少頃禹王御極南面以朝諸侯衣冠濟濟珮玉鏘鏘拜舞於堂下各以方物致貢乞訓辭以永家國王戒之曰

兢兢惕厲圖治斯民民惟邦本本固邦寧勿以賤忽勿以貴尊苟即荒淫社稷替陵

諸侯羣牧再拜謝教懷遠塗山下有禹會村王計數須賞得執玉帛

來朝者萬國江之東南尚有千餘國不能渡江而來王命
昆吾氏爲西方之伯得專征伐鈐東諸國宴飲經日各歸
本國銘刻訓辭遺教後世王留塗山一月遷毋修已之柩
葬於羽潭之上旁建太廟歲時祭祀王更欲濟江南巡往
會東南諸國乃遣大彭進都迎后嬌子啟至塗山奉祀宗（隱然已避位）
廟（癸）丁巳六歲秋七月至塗山相見嬌在路勞頓染病七日
而卒王與啟痛哭就葬於山之陽令啟廬墓守喪自率群
臣南巡其時積雪未消江凍猶合遲留北岸起一艦演習
舟檝各濡須（言濡滯斯須也）候日暖融和始放舟中流忽風雲陡
合波浪滔天見有黃龍負舟而行舟中人大懼王仰歎曰

前人亦知此言但恐無家可歸耳

受命於天竭力以勞萬民此天所以爲吾用也生寄也死
歸也余何憂於龍焉視之猶蝘蜓耳顏色不變須臾龍俛
首而逝旣濟江東行冬十月至郁山登陸傳命江東諸侯
齊至浙東上越稽考功過以定黜陟數日已至浙東大越
見千巖萬壑襟海帶江諸侯迎至委宛山晚宿陽明洞中
明旦齊集苗山聽古東南諸侯預建朝覲之旅時天下殷
富萬國來同八歲已未春正朔撞鐘伐鼓禹王坐南面諸
侯舞拜堂下王宣告巡狩朝貢之禮擧善言作玉字書戴
於金簡遂一一計功考過乃爵有德封有功誅有罪罰有愆

防風氏

因更苗山曰會稽言大會諸侯稽察功過也江東防風氏之君獨

後至禹王數其慢君之罪執戮於山之陰故曰防山卧屍於車中猶文餘踝股不沒從人輿屍而回改爲汪芒氏王命以金簡玉書埋藏於委宛山陽土中得石函一發之有赤碧珪各一赤如日碧如月皆長一尺二寸又得玉笥秘圖悟百川之理皆黃帝所藏也禹王念帝舜功德以赤珪授奚仲封於會稽之東曰餘姚以碧珪授番禺封於太越之北曰上虞二子拜命就封又藏秘圖於方丈山上命二子使人守之禹王戮罪酬德心始怡然尚欲於此遊覽遣侍從先回時二月中旬風景晴和王帶數童策杖散步山陰道暮方回覺神疲力倦隱几而卧一長人直入曰奉水精

考核精詳

大聖命召子可速往王起視之識爲玄夷使者隨至山前見道長立於高處王趨前拜謝水精曰子績著於金籙玉符已投林屋仙都神針可投於尾閭穴玉印藏於西川大瀼中謹記此言忘則大咎早歸紫府毋曠厥職問印針何在禹曰神針在襟印已侵入膚内水精令禹坦胸呼長人扯出頓覺疼痛難禁捫胸而醒玉印已落懷中思壽命將終待且令召子啟王親往東海見水湍陷爲大淵者千餘處浮物近之則溺王端捧神針望正中投去忽長千丈鱗甲森動頭尾摇撼而逝一時風雨交作波濤捎岸王退至海門山北備禮物虔祭恭拈信香拜謝其讚助之功寄烟

蜿蜒結成一篆良久不散王奇而錄之後啟收得以問白石生云是召毒龍符篆今台州有龍符山駕同會稽子啟與六孫皆至圜拜膝下王諱
諱以典則訓誨囑啟云屍殼如蟬蛻當以葦爲棺遂簁而
殮不可奢也薄治之後即將玉印代予深藏大瀼王常患
心悸忽見巨靈六丁至曰上宮夫人以君奠五岳別九州
上告於天太上愍君之至授以靈寶眞文天帝亦錫以玄
珪爲紫庭眞人之位當歸陽明之天受職王曰深感夫人
厚恩無由致謝神將曰夫人曾師三元道君不過轉輾周
旋耳王更欲問明神將疾馳而去王覺而恍惚至是不進
火食喜靜厭囂夏六月上旬神氣清明衆聚視榻前當卓

即白日昇天

午而崩按禹生於申戌歲九十八攝政九十九即位在位只八歲一百有六歲而終子孫臣民無不痛哭羣臣請問棺槨衣衾抑從王命耶啟曰王惟儉約爲臣者忍以蘧篨殮乎但不敢過豐耳乃辦衣裘三領桐棺三寸爲殮侯益主葬伯益因理國不能遠來皆遜啟營治於秋八月擇葬會稽之南數里穿壙深七尺上無泄瀉下無邸水壇高三尺土階三等周方一畝山有禹工陵冢井祠在其旁下有羣鳥耘田不煩人徒而治啟棲於會稽能敬承繼禹之道東土諸侯皆服從益聞啟甚賢可繼父業在安邑一如攝政三年喪畢倫法駕迎啟歸都即位啟遵父命堅執不從益竄於漏夜走去時國中無主皆往會稽朝啟啟曰予不肖何敢

夏后啟　有扈招

當哉伯益賢能先王授之以政雖避去盍尋立之衆曰天下懷帝功德不願歸益而願歸君實天意也啟不能辭乃拜別父塚北至穎川荊州（禹始封之地陽翟夏國也）癸亥秋七月朔衆推啟即天子位（是為夏后啟時年九十五）八月后啟乃即鈞臺以享諸侯（禹州有鈞臺陂）番禺奚仲辭歸越地各留子輔翼王室用為卿士鈞臺之享羣后皆至惟有扈氏招不至（今扶風鄠縣）且宣言曰世傳於賢啟乃違命自立自是不用夏后正朔羣臣請征之后啟曰未可也乃下令（要緊）訪求伯益嵩山樵者見益於箕山之陰深谷嚼草根為食掬泉水為漿不勝憔悴啟聞之命大臣將溫車載回啟復讓位益堅辭乃歸費邑啟徧

〇龍溍

告羣牧言益回都使知朝貢所在不意諸侯不之益而之啟曰吾君之子也於是后啟發號施令然事無巨細悉咨於益明歲甲子春伯益病卒后啟哭臨其喪每歲以犧牲獻祠王曰予已老耄嗣子未賢奈何乃徧求賢者自代久無所得憂萃身心朝夕以父所遺之典則訓導子孫令佩誦不忘葬益於安邑都門西北以安邑為上都九鼎在焉夏六月謹遵遺命欲親送玉印入大瀼聞蜀山氏鑿瞿唐路阻乃遣使奉印從鬬道經魚腹浦至瀼水深藏於底唐有郡人龍溍者於瀼中得石合啟視有玉印五文字非世篆籀有神人叱曰玉印乃上帝所寶昔授禹治水畢復藏名山大川今守護不謹耳何函投元處令汝登第溍如其言後果然

秋九月北代人進善馬

九頭馴良捷足后敔命以駕車巡狩乙丑三歲春東至泰岱告命於塗山因太彭氏引見白石生知龍符作用經宿乃歸秋七月西巡華嶽雍州守臣述有扈氏好勇不修文德王歸召掌六鄉之卿謀之僉曰可伐王諭旨親征以齋車載祖主與社主而行示賞戮不敢專也責其威侮五行怠棄三正有扈抗拒王師進戰於甘（鄠縣南郊有甘亭）王親執枹鼓扈師潰八城堅守圍二日城陷擒招因於車遂滅其國班師獻俘於祖廟而戮之王宴勞將士樂奏九辨與九歌舞九韶中聲翕合是爲大夏之樂以紀軍功軍士歡騰踴躍九代馬亦於野中盤旋而舞后敔晴思駕馬馳驅當不

如駕龍浮舞乃於夜靜出龍符試之立奇效毒物始乃信

靈符

九鼎成而九州定大禹丹成之候也巡行東南蓋覓棲眞之地耳

紫庭眞人歸陽明洞天受職而陽明洞恰在會稽信爲仙都無疑

堯舜禹相繼出世俱有因緣宜君天下非丹朱商均眞不賢也讀斯史者當不使古人受屈

后啟私試龍符漫遊天表非誌啟之作戲以見符之神驗遥與玄女召應龍相應

新刻黃掌綸先生評訂神仙鑑首集卷之四

洣夏明陽宣史徐衛述
汝南清眞覺姑李理贊

林屋石樓秘本

○○后啟遊天佩玉璜　○○少康復夏誅寒浞

書於竹簡焚畢即有兩龍飛駕一車而至上有雲蓋三層啟全不疑懼攬而乘之左手操翳右手操環身佩玉璜頊刻歷太樂大穆之野荒游海外既登於天逢臣始回兩龍自去王恐後人以此爲戲藝於神明密藏龍符於洛南九歲辛未王啟遣人探蜀中巫峽如何回報云蜀之先首名蠶叢服青衣教民蠶桑初爲蜀侯死後爲神蜀民稱

杜宇

青衣帝立廟祀之次曰柏灌遷於王壘國日强盛王魚鳧始稱蜀王都郫邑又築杜宇城因名杜宇有朱提氏（一曰朱利）

望帝（山精）

自江源出都於玉尺隱山有女名望帝美姿色蜀王納爲妃是爲山精不習水土而卒王痛之遣五丁力士於武都山擔土爲塚故名（武擔）

鱉靈

時有荊人鱉靈（一作鱉令）溺於川浮屍逆流至汶山下復活求見蜀王杜宇異其才立爲相蜀聚四川之水民常被災杜宇率民避居長平山使鱉靈開峽治水昔帝嚳封顓帝友庶於瞿上瞿唐有三峽曰西陵陽峽巫峽江濱有峰十二首尾一百六十里先西王母從巫咸以鴻術爲帝堯醫師後化去封爲此山之神因名巫山能須推當

⊗子規

開明氏

尚本紀云望帝去時子規方鳴故蜀人悲子規鳴而思望帝攷蜀山紀望帝方[illegible]生[illegible]也

其曰三峽連亘共七百里重巖疊嶺非亭午夜分不見天日。鱉靈疏鑿六年成功。杜宇自愧德薄不及，遂委國授之。乃亡去入威鳳山，小蓬萊修道，三歲道成，歸化一小鵑，曰子規。啼至夜半出血方止。國人聽其鳴曰：我蜀帝魂也。至今哀慕之。鱉令號開明氏，其入氏仍都郫，至九世尚始治成都。王敵聞而歎曰：小國君臣尚能如此，予可不自勵乎。於是大訪賢才以禪獄。聞舅氏孟塗居丹山之陽，仁而好生，果而能斷，每歲決獄無一枉者，命使恭請來至。而卒王哀之，命南土以爲司位之神。巴人有寃獄不剖，請於孟塗之廟，不直者血現於衣，乃執而殺之。王推諸臣中惟大彭賢能博古，延至京師，委以政事。

㉓孟塗

㉔后太康

夷羿

未詳

弧父

大彭任之不辭王自是身心安泰頗以聲色為樂封長子太康於陳州之北有太康縣戊寅夏王啟崩在位十六歲年百有十歲天下莫不哀思政事居喪皆聽於大彭三年喪畢羣臣請改元即位大彭笑而答築室於鄢陵北三十里岡下居月餘忽不見衆迎太康即位是為后太康以明歲己未為元歲居位數月如祭祀之尸而不為其事強臣夷羿偃姓其先世掌射正至嚳賜以彤弓素矢封於鉏故鉏城在滑州衛城縣十里外為帝司射歷唐虞夏三代羿生五歲時父母與之入山處之木下以待蟬鳴還欲取之而羣蟬俱鳴遂捐而去羿為山間人所養年二十習弓矢歎曰我將射四方也聞楚有弧父者生

△吉甫
武羅
伯姻
熊髡
龍圉
△毋須
仲康
叔能
季祭

於荊山間不見其父母爲兒時習射無脫羿從之學盡得其術又聞吉甫者亦以善射著羿又學焉慕堯時平羿神射故亦名羿有謀士武羅伯姻熊髡龍圉四人又收家衆無數夏人皆師之夷羿陰欲代夏正三歲丙戌春適太康荒淫不恤國事獵於洛水之表十旬弗返羿因民嗟怨遂謀亂以兵衆距於河太康之弟仲康叔能季祭幼弘少觀分封於衛潛御其母須出求太康所在得於洛汭咸怨其盤遊乃述祖禹之戒作歌五章以感之往依斟尋氏居陽夏羿責斟尋懼遷於北海與斟灌氏爲隣太康失恃憂恨成疾於丙戌冬十月崩葬於始封之地在位四歲按竹書紀羿年或云二十九歲非

幼弘　欲自立武羅曰氏族尚衆當討其全龍圉勸立其弟羿即

少觀　使迎請五子推仲康爲主與母弟同往路經胤國乃占月

胤侯獲　常儀玄孫名獲密奏曰宜大振乾綱漸除黨惡以孤其勢

夏后仲康　仲康惕然入都告廟於世室己丑春爲元歲命胤侯掌六師爲司馬羿爲司徒伯姻曰羲和雖弱猶爲諸侯首領先結以幣帛後誣胤侯以反招引人討可滅也羿即分使而往復命曰東岳羲氏西岳和氏皆云驅使是從南北二氏不受羿怒假命分征二氏遷海濱避之胤侯奏羿交通方

有鬲氏　伯當封宗支以固本丁卯夏封能於河洛曰有鬲氏封祭

有祭氏　於潁陽曰有祭氏封幼弘於兆海曰過氏封觀於西嶽曰

過氏

華氏

豕韋元哲

華氏又封籛鏗之孫元哲於韋爲防姓是爲豕韋當夏之世與昆吾氏代爲侯伯癸巳秋九月朔辰弗集房日蝕（初見）徑强惟時東羲西和附於羿沉湎於酒荒湛於色遠棄司掌天地時日之官（畔官離次）至於天變罔聞王命胤侯往正其罪胤侯裹糧疾趨聲其罪於衆卑徒東首羿欲起家衆襲之熊髡曰不可報令二氏固守待糧盡敗由即治其罪羿遣使投泰岱半路聞破其城擒斬羲氏移師西向和氏亦竄西戎胤侯安撫而回羿驚曰何神速如此武羅曰仲康病胤侯老不久自殂何必遑忿一時王還有鬲氏於平原撫有羲氏之地命弟華氏兼撫西岳王患心腹之疾於乙未冬十二月崩（在位七年壽七）

夏后相安

有仍后

伯靡

寒浞

伯明

鬲容氏

歲十一胤侯迎王子相安居喪即位以戊戌歲爲元歲是爲帝相有仍氏生女曰緡黰髮而美迎爲后辛丑四歲秋七月胤侯卒子伯靡尚幼卜葬河陰權悉歸於羿見子靡幼而貌奇錄爲己輔靡因佯附焉羿聞夷島有寒浞者猗姓多智勇欲招之熊髡諫曰浞乃寒國君伯明之讒子弟也寒州有寒亭伯明惡其善媚擯於九夷羿反以髡嫉娼召浞至見其偉美即使相己或從遊內院羿已衰老其繼室鬲容氏少艾而淫常稱浞材幹羿益親信六歲癸卯春羿聚謀簒弑伯姻四子皆言未可羿怒曰人生如寄不幾老死耶遂棄武伯而囚熊龍使浞害相浞思假手於我寄叩宮門告知

封豕　有窮后羿　甘蠅　逢蒙　伊玄

帝相載官眷走依斟灌斟尋之界居於商丘（陶唐氏遷閼伯於此）又得戈氏過氏發兵戍守羿即入宮娛樂復遷於窮石曰有窮氏滅樂正后夔之子伯封實有豕心民謂其封豕夔是以不祀羿益淫於原獸上下皆怨浞行媚於內蠱惑其室施賂於外愚弄其民浞飾知羿之家衆逢蒙始習射於甘蠅後學於羿盡羿之道常有殺羿之心浞引為心腹乃諷蒙行弒乙巳秋浞復娛羿於畋言荊山多禽獸羿命駕將從羿子伊玄素知浞意常切諫不省至是挽車乞死羿怒驅車出城大獵十日將歸浞伏精壯於路次茂林會知逢蒙至黃昏縱火羿呼家衆保駕蒙取桃棓（棓大杖也）擊其項倒

天報

承桑君

有窮寒浞

奡

豷

於車內浞回戰黨羽擒伊女至羿尚不死睜目視子曰悔不聽汝言也大罵浞蒙逆賊天不佑汝也浞曰聊為太康復仇耳令殺而烹之以食其子子不忍食亦殺於窮門遂取帚容為室聞東方承桑氏之君祇修文德而廢武備浞殘滅其國併滅寒氏故國代夏自立襲有窮之號因羿之室生奡澆一作及豷二子長成奡多力能陸地行舟豷最巧能流星打彈浞慮逢蒙心險恐復圖已巳未春宴飲蒙以野葛根鉤其吻而殺之乙丑秋浞使奡伐灌尋豷伐過戈斟尋出戰奡斬之斟灌城破自刎過戈逃處萊夷奡豷合攻商丘奡擊殺帝相浞封奡於過封豷於戈后緡於有娠

有仍氏后緡　少康　椒　有虞君思　二姚　夏[illegible]報復

自竇中逃出奔歸有仍母氏明歲丙寅夏四月五日生子曰少康既長為仍牧正懼奡之毒常設戒備奡潛使臣椒往仍求之仍君匿少康於宮任其大索恐復來擾丁亥春少康奉母奔於有虞（即禹封商均之國）虞君思妻以二女是為二姚使作庖正而邑諸綸有田一成有衆一旅（四方十里為成五百人曰旅）少康年二十二能布其德而兆其謀以收夏衆而撫其職胤侯之子靡乘亂逃附有鬲氏自寒滅二斟靡收其餘燼檄過戈二君令起兵牽其勢鬲君亦發車徒以從靡統之征進浞浞恣行不道萬民胥怨聞靡至開門延納靡先入揮兵圍之浞自刭未絕衆前縛之靡立夏后氏祖廟面數

女艾

帝少康

季杼 伯傳 仲原 無餘

浞眾臠割其肉而後斬之并誅曷容聞少康在虞拜其邑女艾為上將亦舉兵以應畧取故土是歲乙巳少康四十歲矣靡偕法駕迎請復還故都明歲丙午踐天子位是為帝少康至洛陽啟父相之屍禮葬迎母后奉養帝謂二禎猶在夏四月使女艾伐豷於過使季杼伐殪於戈二姚生三子長伯傳次仲原次季杼庶出無餘惟杼多謀善筭有撥亂才為殪挾彈飛打如連珠驟雨杼思禦避之法乃集工匠鍊鐵成頭盔面具前後掩心鐵甲選精勇百人穿之在前後軍繼進殪敗走戈君伏兵擒之杼解殪至都帝命醢之慮豷多力乃親策應女艾豷兵敗欲逃下海過君拒以巨

入陝之

王杼

般復入萊陽暫避艾選能射者備強弩從之羿膄餓力罷輪折被擒犇見少康設鼎烝之壬子七歲也明歲春以靡爲中興首功進爲上相封艾於譚命過戈復守故國立二斟之後虞鬲仍各益封地於是夏道復興丙辰十一歲帝欲封杼以大國伯傳願讓杼爲嗣帝允其請封傳於滎河封仲源於陝明歲丁巳恐禹墓乏人守祀封少子無餘於會稽號於越芊姓文身斷髮披草萊而邑焉傳二十餘世至句踐稱霸己未冬帝母后緡甍合葬於洛陽少康在位二十歲年六十歲而崩三年喪畢己巳孫杼告廟即位有英毅之資能師禹之道以興夏業在位十六歲而陟言升於上也踰三歲戊

王芳

子正朔子槐嗣立改名芳東九夷來朝享國四十四歲既陟子芒立即以明歲爲元

王芒

王芒東狩於海西賓於河以玄圭授於河視之曰承統天下以撫萬民敢不服信於四方而兢祖業者神其鑒諸於是河清海宴在位五十六歲而陟踰一歲辛未正子泄嗣立

王泄

是時六種之夷(畎白赤玄風陽)皆翕然從服致貢入朝王謂遠人宜懷之以德始加爵命之制王泄居位二十五歲而陟子不降能終二年之喪以己亥爲元歲

王不降

夏后之世惟不降實有聖德在位五十七歲始舉子曰孔甲年思已老子幼恐未能成立乃禪位於弟扃

王扃

扃以則歲戊戌即位代兄理政不降深居後宮又十歲而陟

弘道十二劫
王廑
王孔甲
吉神泰逢

王尙欲還政於孔甲見其年少憨愚使之居相攝政經歷諸事癸丑十六歲當弘道十二劫商主癸生子履以待其期也未幾王扃陟享國十九歲諸侯咸推扃子廑居喪已未即位至丙寅八歲而陟王廑子皆幼孔甲旣長且强遂嗣立以己巳春爲元歲孔甲淫佚驕奢諸侯不朝貢癸酉冬田獵於萯山之下天忽風雨晦暝孔甲迷惑入民家暫避閒風雨之故民曰此山之陽有吉神泰逢司之其狀如人而雀尾出入有光最有靈爽能興雲雨祀之大獲吉祥孔甲遂令建祠山曲以歲祀祈祥深好方術鬼神作破斧之歌是爲東音有二蒼龍降於頓丘孔甲乘輿而觀之見有雌雄四足

董父　師門子　劉累

虵身長只丈餘頭角畢具脊有金光貫至其尾孔耳喜曰聞大舜封董父豢龍於桐鄉澤中令欲畜之而無能豢之人乃出榜招募帝堯之家孫劉式丹朱(長姪)其後生后累聞豢龍氏師門獲夏后啟所藏龍符能召御屠擾四法累從而學之亦能馴擾得其嗜欲應募而至孔甲賜氏曰御龍使居潁水畜二龍於池豢之以供觀玩襄城有蛟龍池即豢龍處劉累尊師門子為龍師不時饋奉乙亥秋劉累遣使貢魚膾於王言巨鯉得之瀨水王嗅之香甚將舉筯有道人叩見甚急召至賜坐於下王大啖隨口(忿爆)問何來道人曰予宛丘生鍊得制命九一盃能駐顏不老起死回生聞有好道之君故(聊以此語動之)

來見耳傲慢若此非可度者也起身欲去孔甲下座攬留見其睨視魚膾不輟揣其欲食乃邀坐共饗宛丘瞪目呼曰此龍膾也何由得之王不信宛丘命以醢嘆膾縷成五采王驚疑問其所以宛丘曰試更求之王使人向累索膾累大懼初因雌龍病死恐王見罪潛取醢而爲膾以食王冀其嗜味之甘或樂其死也將復烹其餘進使者回報宛丘曰不可使彼更烹愈取罪戾孔甲同至賴水責累失職困上乃左遷於魯今在癸汝明宛丘至池邊招呼雌龍即浮游水面宛丘視之曰二龍是禹時眞行子駕車者因往大地會黃老談水玄之經是時陰陽合體內外同心

以大禹之德澤萬世咸受其賜而窮羿轉眼背之人之無良一至於此後之施惠於人而冀其不忘者觀此息自失矣

仲康短祚胤侯告終亦窮羿逆熖當張耳至於誅其罪者即假手於寒浞天之報施良不爽也

有少康為中興之主即有靡為中興之佐德不孤必有鄰學道者奚患無同志者乎

劉累烹龍史則傳之宛丘救龍人未知也觀此始知龍之所由來與其所由去

嘯父

○○諷成湯務先隱去　○○留盤銘錫則親臨
二龍不馴殘齒九節紫璽故降謫人間受此坎坷今業罪
已滿我可借爲坐乘挈還南宮不可使之失伴索累厨下
尚存數段投丹藥一丸於水逐段浴而續之遂粘成一處
復納丹於龍口叱之即起但缺二肋一爪及數十鱗片宛
丘望空招下雲軿羽幢命二龍御之頃刻長百丈風雲陡
作宛丘端坐畢中舉手謂孔甲曰誤食龍膽將不利矣騰
空而去孔甲自後常患嘔噦飲食不進闘累之師師門子
有道召問之師門者冀州嘯父之弟子嘯父即黄帝時寗
封子學道於太乙後遊冀州臨去作使火法於山上土人

往視灰燼中有其骨葬於山北名其山曰寶北師門師之
受其使火之法愛食桃李花極有知識丁丑春召至與語
不能順孔甲之意叱令殺死埋於野外一旦風雨迎去滿
山林木皆焚孔甲知過禱祀之山忽翕翕然動孔甲驚憂
還而道死享國九歲越二歲乎昊立（又曰王皐）聞栢縣有朱襄
君千歲長生遣使問山動致禍之故朱襄曰得罪師門故

王昊

太黃神

令太黃神來攫神秉大地之氣能負山而動也王皐乃致

王發

誠謝過在位三歲而陟癸未葬於殽之南陵乙酉春子發

桀王（履癸）

立在位七歲而陟壬辰春其子履癸立是爲桀王（賊人多殺曰桀）

觸龍

王桀不修禹道荒耽於酒任佞臣左師曹觸龍（左師曹官名觸龍人）

褒二君

既曰求享則祀之可矣何必多事人史亦愚甚致遺禍於周

趙梁

有施氏

妺喜

名時又有二龍降於庭以伺王口吐涎沫謂主曰予乃褒之二君也神人傷我不祀故今化龍求享桀懼欲殺二龍命太史占之不吉欲逐之又不吉欲留之又不吉太史曰神人下降必主祥徵王盍請其漦而藏之漦乃龍之精氣即涎沫也藏必獲福桀命占之大吉乃布幣設祭策告於龍以金盤收其漦藏於朱櫝禍根忽風雨交作二龍飛去藏漦於內庫自孔甲以來諸侯多畔至桀尤為淫虐力能伸鐵鉤索撓能搏虎豹頑狠暴戾傷害百姓有讒臣趙梁者又勸以貪狼無道天下顫怨辛丑十歲王謂蒙山有施氏朝貢久廢將伐之施君大懼以妹喜女焉喜色穠善媚有寵於王

㊃關龍逢

相土、

昌若

曹圉

司空冥

振

甲微

報丁

報乙

所言皆從爲造瓊室象廊瑤臺玉床懸肉於山勾脯於林、鑿池盛酒可以運船、壅糟爲隄可望十里、使男女裸而相逐於其間、一鼓而牛飲者三千人、妹喜以爲劇戲、是謂傾宮之樂、輔臣關龍逢安邑人諫曰、用財若無窮、殺人如不勝、人心已去、天命不佑、夏后之業自王喪之矣、桀大怒曰、吾有天下、如天之有日、日亡吾乃亡耳、令盆殺之、唐虞時封契於商、賜子姓、契生昭明、明卒子相土立、未歲寒浞殺帝相於商丘、相土因遷而居之、生昌若、若卒子曹圉立、圉卒子冥立、冥爲王芬司空、勤其官事、死於水、商人哀之、子振立、振卒子甲微立、微卒子報丁立、丁卒子報乙立、乙卒子

報丙
主壬
主癸
扶都氏女
天乙履
有莘氏女
有侁氏女

報丙立丙卒子主壬立壬卒子主癸立癸娶扶都氏女爲妃見白氣貫日意感而孕於王扃癸丑歲冬十月乙日生天乙取洛書義更名履桀王壬寅歲主癸卒子履居喪三歲嗣商侯位字曰湯身長九尺有厚腰圓志在安民立政仁武天生自契至湯凡八徙國都先帝嚳都亳湯作帝誥釐沃以告先王祖靈丁未自商丘遷於南亳宋州穀熟縣地方七十里廣求賢才以自輔湯先娶有莘氏女爲妃其媵臣薦舉一人云是力牧之後其父娶有侁氏女旣孕夢神告曰臼若水出卽東走毋至旦視臼果水現與夫東走數里顧其邑大浸遂居於侁後出採桑伊川産嬰兒於空桑中

擲澗水洗淨抱回（闢封有空桑澗）及長以伊為姓名摯入中條山學道歸治於莘能持正秉公風俗為美字曰伊尹（尹正）湯聞之乃使人以幣帛往聘伊尹曰躬耕畎畝樂堯舜之道何用聘幣為哉使者歸報湯命使益幣再往陳聘禮於草堂尹笑曰豈以幣帛較輕重耶終不自鬻其身也使慚歸告湯謹備安車不以聘物令使以行道救民敦請尹見誠切幡然改其初志以天下為己任同使至亳湯郊迎親執前導處尹於賓師之位問政治之要尹曰為政貴乎寬猛相濟毋使失中若調和五味水火醯醢鹽梅各得其宜則適於口而和於體矣湯歎曰先生真深於調味者矣願以

上昆吾
㈡夏臺子
㈢費昌
㈣咎單

餘味和於衆（後稱宰臣有調鼎才本此）尹知湯默會漸以王道進之圖
畫九品之形言素王及九主之事素王者太素上皇其道
質素九主者三皇五帝及夏禹也內有法君專君授君勞
君等君破君國君三歲社君之事湯見其材大不敢自用
辛亥冬進尹於桀以輔化壬子秋桀殺關龍逢湯使人入
都弔哭桀大怒召湯囚於莒莒人被化改囚於夏臺（本曰均臺
地在陽翟一曰重泉）囚三歲弗有蓋聽昆吾之言必欲殺湯（昆吾陸終樊之
後己姓爲王師司夏臺子）士適九夷畔命昆吾征賢臣費昌（伯益次子若木
之後）顧納食邑贖湯罪桀不許商大夫咎單乃進良馬百駟
姜女十人黃緣觸龍求釋桀即釋湯賜節鉞爲方伯得專

汝鳩
汝方
仲虺
義伯
仲伯

征伐丙辰秋湯出郊外見張網者祝曰從天墜地上四面來者皆罹吾網湯曰噫盡之矣令解去三面曰不用命者乃入此網漢南諸侯聞之曰湯德至矣恩及禽獸歸者四十餘國昆吾歸聞費昌勸釋湯欲拘之間罪費昌率家屬歸商伊尹歎曰可以去矣復歸於湯入自北門遇商之二賢臣汝鳩汝方告以厭醜有夏而還之意作汝鳩汝方二篇尹先就湯五歲又就桀五歲知湯德隆因勸以伐夏救民時湯得奚仲之後曰仲虺一作中䨓字萊朱有治安之畧亦以師保禮之又得義伯仲伯諸人爲佐湯居南亳與葛國爲鄰葛伯放縱無道伊尹相湯征之敗其軍擒伯斬之立其族之

葛伯

韋氏

顧氏

終古

務光

仇生

賢者奉祀有韋氏顧氏昆吾氏黨桀爲惡夜宮雜處於是兩日鬬衆星殞五緯錯行夏霜水氷雨血丁巳冬伊洛竭泰山崩太史令終古曰職在史臣叩宮門奏曰王宜修德悔過以弭天災忽而弗戒禍不旋踵桀怒令逐出終古泣乃携家奔商湯欲行弔伐未敢輕舉聞牛首山有一人目表八方耳長七寸好琴常服蒲韭根土人言其名曰務光識見高廣湯就而問之光曰師旅之興不無毒害於民非吾事也湯曰孰可用之曰吾不知也湯復問光不對湯不敢强與其徒仇生同載歸敬事之伊尹言昆吾殘賊黎庶贊湯先伐湯自把鉞往征不五日滅其國斬昆吾於市由

有綿氏　三㚇國　夏耕

是討罪伐暴凡十一國皆無與相敵者若大旱之望雲霓壬戌秋伊尹請伐桀湯乃作誓以諭臺衆曰予小子敢行稱亂天命殛之以尹爲阿衡督軍戎等事湯載旆秉鉞費昌爲御率諸侯之師進次牧官桀大會諸侯有綿氏（綿作緡）見桀汰侈引師先歸桀攻克之與湯戰於鳴條之野（在安邑西北三十里南坂口即鳴條陌也古有城之墟）夏師敗績桀東走三㚇國（定陶東有三㚇亭）湯遂伐三㚇俘取金寶玉帛散於軍民命義伯仲伯作典寶一篇言國之常寶也桀又戰於歷山復敗湯獲左師觸龍磔於市追至章山困桀於重圍其臣夏耕以身蔽之衆軍斬去耕首猶操戈僵立車前桀始走脫與妹喜同舟

浮江奔棲南巢之亭山（廬州巢縣）湯惻然曰桀雖滅德作威予嘗北面事之乃放置弗攻羣臣欲變置其社稷使後世無勾龍湯言夏社不可遷乃止癸亥春伊尹報政成功大會諸侯於大蒙城（號爲景亳因景山在焉）湯退就諸侯之位咸勸宜即天子位湯曰惟有道者可爲予何敢當聞有高賢卞隨者召與語不對讓之天下亦不答湯復讓於務光曰智者謀之武者遂之仁者居之吾子何不遂之頗相吾子光曰廢上非義也殺人非仁也人犯其難我享其利非廉也吾聞非義不受其祿無道之世不踐其位名以讓我形我短也貫於尊我我不忍也約卞隨並逃隨自投於桐水不見光

天根

惟聖人能有是心

負石沉於蓼水（一作盧水）有咫尺之魚四尾負之而去湯三讓不得乃踐天子位代夏以朝諸侯既而聞務光出遊洛水之上湯使臣天根訪之適遇務光卞隨亦在怒氣勃勃天根不敢向謂光曰主君請問治道光曰去汝鄙人也何問之不與也予方與造物者遊於無何有之鄉又何藝以治天下天根又問光曰遊心於淡合氣於漠順物自然而無私焉天下治矣因寄倒薤書於湯隨哂曰子何多事遂奔去光亦辭去天根歸報湯銘之於几上遂傳命班師歸至於泰垌今定陶地哀龍逢之死遷葬於安邑築一城於匡地曰龍城旌其忠直（以其曾居於此）湯常愧己德不如揖遜歎曰後必

有以予爲口實若仲虺作誥以釋其慙臣庶以湯武功有成號曰成湯成湯復從居西亳治道執中立賢無方造商彝以遺子孫一則曰敷求哲人二則曰旁招俊乂初置二相以伊尹爲右相尊曰元聖而不名以仲虺爲左相時禮尚右費昌爲司徒咎單爲司空終古仍爲太史令義伯仲伯爲卿士汝鳩汝方作諫臣仇生爲木正封古聖王之後餘各封賞有差衆臣上徽號於王曰武王乃作誥誕告萬方更如乙丑三歲夏桀病殂於南巢王以王禮葬於孤山年五十二在位三十一歲按夏后氏共十七君共四百三十一歲內寒浞僭竊四十歲王始革夏命改正朔以建丑之月爲歲首改歲曰祀治尚質色尚白牲用白

商

朝會以晝國號商其後分封以國為姓有殷氏來氏宋氏空桐氏稚北殷氏髦氏目夷氏氏肅氏黎氏時丙寅四祀建國學大學為右學在西郊小學為左學在中國鄉學曰序祀先聖先賢昇而祭養國老於右學養庶老於左學俱以食禮服縞衣作苑圃於國中蓄飼禽獸以奉祭祀載牲以椇盛酒以爭造神臺以望氣建楹鼓以聚人輅車樸素已辦等威又鑄五鼎重皆五百觔三足有篆文埋於四方中央以鎮天下因大夏九州五服之制時天道亢旱王乃發莊山之金鑄幣救旱以通有無毋饘賣子女民始不困已已春王為大旱七年命禁古卜之曰方膺天怒當以人禱託言以人禱謂人當修德非真用人為犧王曰如

必以人我請自當遂齋戒沐浴剪髮斷爪身嬰白茅以為犧牲素車白馬同衆至桑林之野以六事自責曰政不節歟民失職歟宮室崇歟女謁盛歟苞苴行歟讒夫昌歟如此不道災責予一人言未已大雨方數千里人民歡洽乃作桑林之樂名大濩遂以水德王立助法（以六百三十畝為井田九區區七十畝中為公田其外八家各授一區但借其力助耕公田而不復稅其私田）辛未八祀制官刑以儆有位之愚頑者有三風十愆之戒時河朔有尹諧者其居處足以聚徒成羣言談足以飾邪熒衆強足以反是獨立王知之曰此小人之桀雄也不可不誅乃斬之於市王憂民太過每患煩熱之疾徧延明醫療治傳聞古營州

碣石山有眞行子者終身不娶舜時曰尹壽子歷夏四百餘歲顏色如故多奇方救人民皆敬奉作通玄經以傳大彭謂道德在無爲也湯遣使迎之至彼見一道童問眞行子所在曰師他適吾當代往湯見是童子意甚忽問其姓

戚子伯

氏曰予戚子伯也欲寧心志須以丹藥浴其身則五內之火自息王如法行之頓覺身心安泰童亦就浴於湯浴畢辭去曰求諸盤中能不間斷則精神振奮矣飄然而去王視盤水澄清徹底下有九大字曰

苟日新日日新又日新

錫則子

旁有四小字曰錫則子書湯乃銘刻於盤以自警惕錫則

疑是道童別名更遣使至碣石務在得見眞行使至碣石
山洞已是空空回至冀州界見一人坦腹當道曰覿面錯
過終世難逢使知其語有因問以眞行子消息其人曰眞
行乍老乍少更名錫則者是也使問其姓氏曰人見我善
嘯稱爲嘯父遂長嘯一聲響振林木轉眼不知所之使歸
述所以王竦然如失甲戌春王復煩熱大作而陟按湯年五十四
嗣爵侯七十一爲氏子在位十二祀湯生三子一女長太丁次女次外丙次
仲壬太丁因哭父過傷是祀夏五月病殂伊尹乃立外丙
爲王即以乙亥爲元祀營葬成湯於濟陰北薄城東北郭
冢四方各十步高七尺地近桐鄉建離宮於東郊以奉祀

廟號烈祖丙子冬王外丙陟丁丑伊尹復立仲壬四祀又陟太丁子大甲年二十辛巳十二月尹祀祖廟告立百官總已以聽斯爲任聖不愧遺言

伊尹歸商夏之歷數已終矣學藝中係時玄女必有所示而三聘始出亦是聖賢慎重處非後世躁進者所知德化不足而變爲弔伐聖人亦大不得已也使湯終守臣節坐視生民塗炭亦何以成其聖乎務光數語固道德之極則非有病於湯也

湯之盤銘載於大學爲自新之切要謂是錫則之言可也謂湯之自警亦無不可也

○○武丁感夢賚良弼　○白○王毋開旋欵衆眞

太甲不明居道顛覆湯之典型伊尹因諒陰之制放置於桐宮（桐宮湯墓所在欲其追念乃祖以自修省）時仲虺已卒葬於偪陽封其子於沛尹當國以朝諸侯湯女昌容見兄弟繼殁勸破世緣不適凡人欲修長生之道木正仇生在商三十餘年常服松脂貌更少壯羣臣但謂其多壽咸師事之仇生厭棄塵囂辭往尸鄉北小極頂自作石室以居昌容還至尸鄉從之相引上山同居其後上下提如鳥太甲居桐三祀自怨自艾盧仁遷義伊尹知其悔過克終允德以冕服法駕奉迎歸亳復位王太甲增修厥德稱伊尹爲師保尹作書三

篇以褒勉嗣王於是不侮鰥寡保惠庶民庚寅十祀尹致仕去位恐王德不純一任用匪人復作一篇以訓薦咎單

王沃丁

賢能王任之一循尹政壬辰秋太甲陟號曰太宗子沃丁立己酉十七祀阿衡甍一百零一歲大霧三日沃丁曰上天爲之愁慘也以天子禮葬於亳城西北八里祀以太牢

伊陟

爲服三祀又葬其衣冠於商丘任用其子陟爲世祿咎單

王太庚

作一篇以告王沃丁在位十九祀而崩子幼弟小庚立後改

王小甲

曰太庚生三子曰小甲雍己太戊太庚壬子即位五祀而崩

王雍己

丁巳子小甲立壬戌六祀相君單卒以禮葬之用沃丁之

王太戊

子英爲相天下大飴癸酉十七祀小甲崩弟雍己立疇木

汝英 南乙 邕 巫咸

甲之子南乙亦長不得立伊陟歎曰若立先弟則昭穆紊矣後世循習將啟亂源雍已怠於政事不親相輔朝貢或有不至王不能懲立十二祀崩丙戌復立其弟太戊時相英已卒太戊舉伊陟爲相丁亥亳都有祥桑穀二木共生於朝一宿而拱七日又大一拱太戊懼陟曰妖不勝德君其慎修厥德以禳之太戊大修先王之政申養老之禮早朝晏罷弔死問喪三日而祥桑枯死穀亦旋槁太戊復置二相以陟居右相臣扈仲虺之孫居左相陟言巫咸甚賢王遂以爲佐陟等共翼王室商道復興不三歲遠方重譯而至者七十六國太戊贊陟於廟言弗敢臣癸已八祀陟

孟戲

仲衍

中宗

王仲丁

藍夷

王外壬

河亶甲

年八十而卒葬於尹旁用扈爲右相扈言大戊之玄孫曰孟戲仲衍衍鳥身而人言（口及手足似鳥）善步而正太戊卜之使御吉以女妻之自後世佐殷有勳故嬴姓多顯列爲諸侯太戊在位七十五祀而崩號曰中宗葬於相子仲丁立亳都有河決之患丙午六祀乃遷於囂（河南敖倉）戊申藍夷結連諸夷爲寇王命征之越祀乃克王崩在位九祀庚戌立弟外壬時扈卒用咸爲相己未外壬崩在位十祀立其季弟河亶甲咸亦卒還葬江南囂都復河決庚申元祀築都於相遷之民苦常役商道復衰常山道上有自稱湯五女諫王勿屢遷搖本王不聽乃辭去有識是晉容色姣二

王祖乙

巫賢

王祖辛

王開甲

王祖丁

王南庚

百餘祀惟食蓮藕根顏色如二十許人曾致紫草貨於染家得物以遺孤寡行日中無影人問之曰吾鍊成（眞訣）陽神與太陽合也多有奉祀之者王在位九祀崩子祖乙立相都復有河害已巳元祀又徙於邢（近耿鄉）未幾耿都復爲河圮毀王欲避水患告民極言遷利於丁丑九祀遷河北庇地任巫咸之子賢爲相勤政愛民復興政道丁亥王祖乙崩在位十九祀戊子子祖辛立在位十四祀而崩子幼弟開甲立（後曰沃甲）享國五祀崩祖辛之子祖丁巳長丁未羣臣立之在位九祀而崩祖丁生四子（後皆相繼爲君）時尚幼沃甲之子南庚立丙辰元祀又受河害徙於東方奄地在位四祀崩

王陽甲

王盤庚

殷

王小辛

王小乙

祖丁之子陽甲立以庚申爲元祀自仲丁以來廢嫡而更立諸弟或爭相代立與夏商革命之時相似蓋父子繼立爲世自成湯至陽甲雖立十八君實爲九世故時人比於九世之亂陽甲在位六祀子皆幼同母弟盤庚立丁邜二祀老相巫賢卒與咸合葬吳之常熟有咸賢冢由西亳遷奄九世五遷無有定居時盤庚都河北又圯於水癸酉八祀欲復居西亳奄人不欲徙相怨於下盤庚作誥諭之遂涉河南居亳稱國號曰殷自是殷商並稱盤庚大行湯政百姓咸寧諸侯來朝在位二十八祀崩甲午異母弟小辛立辛不善御民復衰百姓思念盤庚作誦欲感其心辛終不悟三祀而崩丁酉其弟小乙立乙未即位時脩知稼穡

⊙王武丁

⊙甘盤

之艱、欲振起前謨、終無治道、在位十祀、抑鬱而崩、子武丁立、丁未爲元祀、武丁爲太子時、小乙嘗使久居民間出入同事、以知其情、至是居喪、宅憂不言、以賢臣甘盤兼冢宰之職、終喪、甘盤隱去、王猶不言、羣臣曰、不言、臣下無所禀命、王作書告曰、恐德不類前人、以此不輕發言、謹思治道耳、羣臣不敢强、静以俟之、辛亥春、武丁寢内宫、見一紫衣使者口稱上帝召、隨之出宮、仰見隊仗紛紜、香雲繚繞、排列公卿將吏輩、上端坐一人、冠冕旒衣黼黻、王者威儀、傳呼武丁、傍輩諭曰、予昊天上帝也、適赴崑崙之會、自東北至此、經爾國土、知爾免喪不言、恭默思道、思之猶未得乎

崑崙大會

武丁俯啟曰商自成湯以來反覆興衰臣思得賢則治是以不言耳上帝曰爾既爲此予當賚以良弼贊爾政教於官吏中呼出一人指謂曰此乃汝之賢佐其名爲說汝其識之武丁正舉頭熟視其貌忽東南上一陣風雲擁一羣仙衆如飛而至首行一位仙長高叫曰自然覺王何故逗留於此上帝令所指仙官隨送武丁回去起輦相迎此時瑤池桃熟已屆千歲會期故赤精子帶南宮列仙來赴上帝與之同駕彩雲頃刻到崑崙絕頂但見祥光映耀空中有無數仙官或躡霧或御風飛馳召請巖前有女童報知金母來迎曰上帝下降實慰我心帝下輦曰盛意見招敢

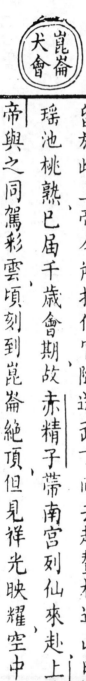

始　素

樂國王　勝夫人

不趣侍羣眞遜至碧琳堂元始黃老水精木公太乙三元五嶽及古聖賢帝王有道行諸人、都已先在入而成禮未識面者各相通問見上帝之後、有一位身長九尺鳳目龍眉美髯紺髮拱手而立、衆欲啟問、玉晨爲之敷宣曰此乃太始化身太極別體、在天皇時爲太始地皇時在天曰太素人皇時下降爲太朴至文明九刼傳我之玉册、多得變化之法、後當開皇十刼之初下應黃帝甲午歲之三月甲寅三日午時、符太陽之精、托胎於玄天淨樂國王善勝夫人之腹、孕秀十四月、從母左脇而產、當生之時、紫雲覆護五彩交呈、地上變現金玉之瑞、以應其祥、生而神靈、舉措隱顯號曰太玄年十歲經典一覽黙會仰觀俯察靡所不通潛心念道志合太虛願輔贊上天福祐兆民父不能抑其志年十五辭親欲尋幽谷修鍊遂感玉清聖祖紫虛元君傳授無極上道元君告云可越海東遊歷於翼軫之下有山自乾兌起脉盤旋五百里水出震宮自有太極便生是山可擇峰之高冲紫霄者居之當契太和昇舉之後應在昊光劫中披髮跣足攝伏坎離二真精歸根復位上爲三境輔臣下作十方大聖方得顯名億劫與天地日月齊尊也太玄乃越海而東歩至南土翼軫分野果見一處山水皆如師言有七十二峰中一峰聳峯上凌紫霄下有一

巖當陽虛寂於是採師之誠曰山曰太和峰與巖皆名紫霄居無何是山苦寒之食不可久止因生退志丁遇一老嫗在澗邊力磨鐵杵太玄問何爲嫗曰將作針耳太玄笑云何時始成嫗云工夫若深何患不成太玄感其語復回於路折梅一枝寄於榔樹之上祝曰我道若成開花結果竟如其言今樹尚在自此復至峰頭所居潛虛玄一默會萬眞四十九年乃得上道於甲子九月九日丙寅淸晨天花自空而下祥雲迷漫山谷去山四方各三百里林巒震響自作步虛仙樂之聲是時太玄體貌氷清頂九炁玉冠披松蘿之服跣足叉手立於紫霄峰上雲開五眞領羣仙萬衆

降其前、太玄稽首迎拜、五眞去玉清上帝以子道隆行滿、白合昇舉、父母已在九霄矣、乃宣詔特拜太玄爲元帥領元和遷校府公事、賜九德偃月金晨玉冠、瓊華玉簪、碧瑤寶圭、素綃飛雲金霞之帔、紫綃龍袞丹裳、翽鶴絳綠之裙、七寶銖衣、元光朱履、佩元帥玉冊、乾元寶印、南北二斗二合龍劍、飛雲玉輅、羽蓋瓊輪、九色之節、十絕靈旛、前昭九鳳、後次八鸞、天仙玉女、億乘萬騎、上赴九清、太玄再拜受詔、易服飛昇金闕、上帝尊爲玉虛師相、故得同來赴會、羣眞讚歎神儀不止、有青蛾翠環傳報、宴已設龜山白玉臺（即爲瑤臺、傍有十二、各廣千步、皆五色石爲臺基）西母請衆入、齋至崑崙之

有此一頓衆仙却好遊戲

圃閬風之苑有玉樓玄臺九層左帶瑤流右環翠水山形漸狹小下有芝田蕙圃皆數百頃羣仙種耨焉臺上珠光寶焰湍列奇珍異品西母與五女計點諸客於內不見歷刼應化洪厓先生宛丘生曰先生今號錫則子却湯王之聘將托生於玄妙之胎吾從東海遨遊是以見之太乙曰如此須得吾子一行方妙宛丘遂駕片雲東去羣仙爲錫則未到不敢就坐俱散步閒行在臺下遊玩亭亭明玕粲粲珠樹清瑤曲處翠竹林間隨處列百藝之具任情遣興浮丘公藉草而坐在膝上鼓動氷絃朱瑟太眞王夫人前曰聞公雅音不勝羨慕我當奉和爲彈一絃之琴宛如鸞

揭出原由

華林　媚蘭　瑤姬　玉巵

鳳和鳴衆仙無不讚美曲未終即有百禽飛集應元子低問赤松曰女道友係是何人赤松曰此西母少女也母生九子五女復收清眞道行之女三十二人爲養女九子隨東王公在碧海潛修不涉他務西母與諸女在崑崙精煉其親生五女長華林字太煥次媚蘭字太英次青娥字太武卽南閻老姥也四曰瑤姬字大瓊少女玉巵是太眞夫人也與中央氏爲配時乘白龍周遊四海談論間猛見林中金光如矢直射林表趨視之見東王公與玉女投壺每中一矢得十二梟設有入而不出者天帝啓嘘發笑開口有金光流出若電王公更與之投千二百矯（矯矢躍出狀也）衆觀

望未已、山前白鶴驚翔、人聲遠達、鎮元子曰、是誰在彼旋踶同衆往視、是紀后指揮行童掃去石壁封蘚、握大筆蘸墨撩袖攀籐、仰面橫作古篆六大字

地首崑崙之墟△

書罷投筆於地、踴下對衆大笑、腦後有人清歌而來曰、

心上地可栽培性中天須涵育吁嗟塵事兮多反覆乂

手旁觀兮石枰局

乃王倪也、子州支父曰、聆子歌聲、動我奕興、且尋蒲衣子對局去、鬼臾區謂曰、凡藝之爲樂不一、而足果知奕趣無窮、我更倣其大意、製就一物、袖中摸出圓木三十二、皆有

字式支父問何名義區曰奕者取攻圍之義故各圍碁令
以形體爲號是曰象棋又問其矩範若何區以短杖畫地
爲局縱九橫十亦取十九道之義中分河界兩設九宮其
用乃有則焉

將軍不離九宮內常守宮中行一步士止一尖不離宮
不出九宮行口字象飛四方營四角斜行田字不過河
馬行一直一尖衝前子碍脚行日字砲須隔子打一子
隔二不打橫直使車行直路任西東一晃便食莫同路
惟卒止能行一步彼子近身方捉捕過河橫進退無蹤
自家臨危難救護

支父會其幾席地對着按法行之條理分明觀者拍掌曰直與圍碁並美轉覺快暢二人交遞不已遂成和局重整局勢再下祝融曰蒲衣若見定爲奇妙不知今在何處容成曰渠爲塵埃染汚芒鞋在赤水中洗濯少頃便來也廣壽指曰來此一片青雲敢是錫則子至矣衆仙趨去區不敢怠慢收棋而起和支父携手同步西母跨綵鸞半空遠迎須臾雲頭開處三位仙眞全身現出諸眞接見邀上臺禮畢黃老曰道君蔣行教於世然此會千載一逢吾輩樂事何必守宮不出錫則曰世道下移不得挽回其勢借此遊戲人間耳元始曰維持濁世誠三才之大幸玉晨曰幹

旋造化非道長不能顯大手段豈惟濟世安民不特經天緯地

武丁思道帝賚良弼感通之理初無可議後儒因其微時出入民間遂謂先識傳說假夢兆以服衆心何見之小也且立賢無方湯之訓也又何慮羣臣之不服而必爲此總由塵濁日深與天漸遠反疑古人行事不實豈知一誠感格呼吸可通帝座夫豈遠哉

敘述玉虛師相遺行根源歷刼修證乃能臻此則凡學道者當操存於造次顛沛猶恐不及何敢少懈也

李凝陽

○○○遊仙苑父女重逢　○○○錫天爵君臣共謚

東王公向錫則謝賜經玦錫則亦答謝前會之擾并謝元始挑率之召元始問何見却錫則曰被衆延往嵩山談道是舜訪蒲衣時故未及領教叙話之際西母與諸女送席赤精曰不必更定位次照前會方諸坐去新至者各序尊卑可也羣真曰善此會乃元始錫則玉晨上帝斗父斗姆上元后土黃老赤精水精三皇兄弟三十三位以下三元太乙太玄蒲衣黃蓋廣壽祝融玄女鎮元金蟬五嶽赤松大庭宛丘女媧浮丘應元鬼臾區泠倫一真紀后支父大撓闗苞應元之子女眷屬及岐伯雷公善卷白石生李凝陽朱襄君仲高

何侯小子章甯封子招日宮赤將月府嫦娥才公帶巢聖燧皇并方諸仙衆祝融同勾芒蓐收玄冥黃蓋宛丘又約五龍巨靈黃神犂靈皇覃神民諸氏師門務光仇生昌容諸子共添百有餘位新客王倪爲崑崙佳壻容成是西母高徒俱坐東帝之下王母諸女主席相陪丁甲神將部從曹官等衆別宴於山腰羣仙坐定女童送酒進饌臺下奏樂酒過數巡帝舜就席問何侯曰予徘碧海報功未曾會子子於何時昇舉何侯曰帝昇遐後至夏禹時五老復降以藥一器授子使投酒中一家三百餘口飲之不竭以餘

拔宅如見

酒遍灑屋宇拔宅上昇凝山之巔遠隔塵世五老引見上

帝忝授太極仙人之位宛丘認不得李凝陽竊問赤松曰形體魁梧者為誰赤松曰古钜神毛也善導出元神之術更姓名曰李凝陽惜未得眞道公可教之宛丘惶讓錫則子聞曰導神固美中有四惡得陽神者把握在我若鍊陰神夢影相似一也神不守舍瘵占其竅即至心志混濁多生疾苦二也出舍無知或遭虎狼殘食其屍神返無依使魂遊蕩三也修眞原宜恬靜非由外致冒險出遊與道何益四也有此四惡速當改圖可以行遊久住立竿見影矣凝陽出位跪懇曰賤體愚濁飛昇無日還求道君丹旨解去屍殼得瀟灑之趣也今此大會本不敢與專為欲求上

道故浼赤松道長提挈至此、荷蒙教誨、感刻難忘、錫則曰、未可遽厭此軀、予將有事於東南、俟後再會細談玄妙也、伏太乙起問曰、然則投胎差勝於神遊乎、錫則曰、投胎有三、有形神俱往與道合真、若變現遊戲者爲上、有分神化氣、若花木移栽插扦枝梗根本猶在者爲次、有剛巧奪舍産母坐蓐臨生遊魂急踞其胎者爲下、予之出世託胎形與神混一自然、借此以示其實、現身說法、以醒愚迷、太乙顧謂弟子曰、聽之、道君功行洪深、尚以濟度爲急、爾等可不努力、羣仙亦相戒曰、微末道行、敢不深自勤勉、自此皆欲頓一筆行道立功、乘時降世矣、言談正濃、王母命諸女出席送中

目儀

西詩云瑩撫雲舞神鸞調玉音雖非世上寶爰得王母心淵明目擊者矣

黃之酒令玉女百人所嚴前艷馥奇葩在筵前對舞五采繽紛異香旋繞宛似織成一片文錦舞罷花瓣從空墜下紛紛鋪於階前白玉坂上如八寶攢成起一陣和風掃入翠水隨波而去王母又招一高髻女姑曰目儀令呼百鳥作樂獻技目儀呼羣鳥之名一時齊集臺下

孔雀開屏鸚哥度曲不施牙粉畫眉故自清揚能協宮商百舌本然巧妙鸐唳長空鵑啼紅淚鳳鳴簫管之音不羨穿雲裂石鶯轉笙簧之韻且停鸚鵡遷喬輕翻小燕宛若裁花之剪遠舉大鵬渾如蔽日之雲鴛鴦唱和沙頸鴻鴈橫書天際歌者歌舞者舞爭輸妙技各逞所

長更有微物通靈、亦與仙家助興、蝴蝶翅花間匀、拍板桂領米底鼓頻敲、衆大笑曰、二物技癢矣、王母令止之、目儀揮袖如虹、皆歛翅低聲散去、王母獨呼青鳥快來、於內飛下一鳥、體羽奇翠可憐、集於陛下候旨、王母曰、汝可領童兒帶筐籃鈎杖、到閬風苑去、檢紅熟桃實、盡數摘下、猻呈青鳥、奉命飛去、廣壽問此鳥何名、能知人意、母曰、此與玄鶴集朋為友、稍鳳凰之儔、凡赤色者為鳳、黃色曰鵷、白色曰鵠、紫色曰鸑、青色曰鸞、即此是也、赤松曰、不意生此、先彩想其舊喙落英、致此、鎮元曰、赤松翁幾時見過、能知此鳥之詳、赤松笑

（接出青鳥無痕）

列於琰盤尤佳

諒宛丘亦暗傷宛丘之沉淪凌汝何日

曰乃我之阿徒鎮元子道翁原是鳥師赤松正色曰此炎帝少女也浮丘曰久不論及家事我女果在此耶俄頃見衆童擔籃上臺玉女托金盤於兩旁童兒揿開籃蓋一顆顆堆於盤中鮮紅可愛香氣逼人如斗來大一團赤玉纔盛三十二架籃已蕩如見底王母正待責問青鳥飛來復命母曰且來見汝父師鳥曰我父亦在會中耶於座尋見浮丘趨近膝前頓首斬眼作哀苦狀又遶身三匝向赤松亦然浮丘見少女形骸不免爲之感歎然不若凡情之悲痛也王母喚青鳥問曰向令朝爲供使暮歸三覓今爾典守閬風何失職不省致仙果爲物所傷有褻佳客青鳥曰

白猿

炎帝少女所擒是制化之義

小鸞承命孜孜未敢少息或隨班聽講時不防山後白猿勾集衆多子孫潛入苑中偷食適去摘桃猿心未饜潛瞞枝頭密葉處被我抓擲與童兒拷始知現拘候旨王母曰此桃乃上仙所享雖地行善覺神仙尚不能知其味畜類乃敢殘食罪不勝誅矣金蟬子歎曰善哉吾聞此畜纔禀西方之精竊占坤維之位性喜攀緑樹木以花果爲食故冐金母之禁但此非比他獸不傷物命可赦其無知留以供役何如金母點頭教拘禁之乃起親捧蟠桃先奉上座高眞將排次送去蒲衣祝融齊曰無煩賢主費手各自從便滿座曰二公言是皆出位來取恣意擘開啖食獨紫庭

眞人夏禹手招一顆起身連呼曰熊快食桃去臺下起陣旋風現一物龍首鼈身三足而黃色禹王投桃與之皇覃訝曰白猿偷食致干天譴此畜何敢擅嘗黃蓋曰禹父鯀入羽淵化此今禹證果度歸正道凡食異品必先奉食蒲衣惻然曰唐堯仁德愛民舜禹至孝澤及後世今雖歸位（轉出）三元未審按司何事乃求元始爲衆宣揚以彰無漏元始（三元封爵）手執如意朗聲而言曰凡勤修苦行者毋患道之不成特患功之未滿耳三子皆建天地莫大之功爲萬世君師之法本自三元眞炁今勅爲三官大帝官者司也官天下而無私也上元爲九炁一品天官處玄都元陽九炁七寶紫

微上宮總主上宮諸天帝王上聖高眞森羅萬象星君每至寅月十五日上元考籍中元勑爲七炁二品地官居九土無極世界洞空清虛之宮總主五岳諸神并二十四山川九地土皇四維八極神衆每至申月十五地官考籍勑下元爲五炁三品水官來往洞元風澤之炁晨浩之精金靈長樂之宮總主九江四瀆三河五海十二溪眞聖神君每至亥月十五水官考籍三元在三界中上至諸天大神升臨之籍星[illegible]照臨國土分野之簿中至人品考限之期下至魚龍變化飛走潛動生化之目並俟三官集聖之時分別錄奏隨孽改形隨福受報隨劫輪轉隨先生死善惡

分明無復差別也鬼臾區稽首問曰三帝之功成多賴稷契皐陶伯益之力何以酬其勲勞天尊并爲颺之元始曰

折出四岳

后稷乃東嶽托生向爲太華真人掌天仙六籍爲東嶽天都府君玆賜爲太靈蒼光司命真君執掌人世臣民貴賤高下之分祿科厚薄之事地獄各案簿籍七十五司生死修短之期伯益即南嶽後身爲慶華注生真君主於世界分野之地兼督鱗甲水族變化等事皐陶是西嶽所化勅爲素元耀魄大明真君主管世界珍寶五金之屬陶鑄坑冶兼羽毛飛禽之類契乃北嶽轉世今爲鬱微洞元無極真君主世界江河湖海淮濟涇渭兼虎豹走獸之類虺蛇

昆蟲四足多足等屬三元四嶽有此宏勳報之天爵又令其子孫廣衍先世亦有褒封此數子者皆根於黃帝因追念黃帝之功更盛於三元五嶽發願廣大化及羣生其德不可量其機不可測故封號爲九天應元雷聲普化眞王

鬼臾區又啟曰望天尊詳言名號之義使三界萬靈十方諸聖莫不贊我天尊之元化也天尊曰非謬爾稱揚字字皆合實義九者天道陽數乃統三十六天之總司也主於震故東南有九炁之說即雷師出入之地始因東南九炁而生正出雷門所以掌三十六雷之令受諸司府院之印生善殺惡不順人情蓋以九天之名取陽剛不泯之謂應元者無物不承天休命

而生爲善之長爲時之首五行之先也雷者陰陽二炁結之而成天地之仁聲既有雷霆遂分部隸予因析爲天地水龍社令之屬乃天之號令掌生生殺殺之權動靜莫測萬神之奉行也聲者生也萬物以雷聲震動而萌所謂天不言以雷代言也普化者上天下地四維八荒無不從此而化真王者正一無僞至大至尊也真王宰御三界其道在乎巽方天中之地也東南九陽之炁結清朗光所居神霄玉府在碧霄梵炁之中去雷城二千三百里雷城高八十一丈左有玉樞五雷使院右有玉府五雷使院天有四方四隅分爲九霄惟此一霄在於梵炁之中在心曰神故

皓翁

青女

曰神霄乃眞王按治之所臨蒞之都鄉師使相列職分司
主天之災福持物之權衡眞王之前有雷鼓三十六面三
十六神司之凡行雷之時眞王親擊本部雷鼓一下即時
雷公雷師興發雷聲也雖曰二氣之激劇實由神人之鼓
動雷公即處方餌入雷澤而爲神者也力牧勅爲雷師皓
翁凡雷霆所施號令是其政焉五雷十雷三十六雷皆當
時輔相有功之臣一無遺棄當知雷主發生霜主肅殺秋
三月有青腰玉女出以降霜即天地造化之機也衆仙聞

引起下文

之肇奉俯首贊頌宛丘在座連聲嗟歎曰晚我者成此弘
勲豈可偃忽林下作散逸人耶今卦象紛紜互徵相沒我

太陽移入月明中

且應運而出重新敷演庶不負初心亦有補於天地也黃老曰公既出山維振綱常闡發玄理我當三遣火羽來報伏筆聖瑞玉晨目視諸徒一眞曰上眞既慨許相助我等敢不乘時立功贖過乎不覺日晷移東月魄漸上衆欲告辭甯封戲謂神羿曰太陽已下沉落棠皓月登於吳泉之上今夕安心醉宿月宮矣仙人亦有此謔○羿曰令羲和代騁六轡在榑桑折桃枝爲鞭鞭挾日車之御馬出虞淵至於連石今羲和復入虞淵奚息其馬子將速回督其蚤駕也雖往來月府豈有塵念而予乃爲是言甯封曰各處一宮未免寂寞耳羿曰初入時有鬱華赤文作伴月宮亦止結璘黃文同居近掌

素娥 日使 月侍 五大相 五夫人

上帝勅我爲日宮天子太陽帝君姮娥爲月府素耀太陰皇君（世稱素娥）以人世男子之剛腸烈性正宜聰明者上昇爲日使女子中玉潔氷清幽閒淑德者使爲月侍今日中有五六相月中有五夫人也此時天色晦瞑玉女皆去張燈王母止之命巫咸巫陽取丹與衆仙明目二子應聲捧一小壺到臺揭蓋時紅光透起傾出數粒太如黍米放文玉盤中和以甘露呈上筵前取金七列下請衆仙共享各趨近嘗之馨香撲鼻一滴下咽輒醉頓覺光滿一臺明過白晝相視其目皆光芒四射如炬驚訝不已太陽君問曰是丹與前不死藥相似否王母曰丹非一種方各不同此爲

奇丹

閒中照應

霄明

燭光

燭龍

流光金丹以之代燭登比氏二女令服一黍據河大澤其神光能照彼方百里故字二女曰霄明燭光西北海外赤水之北章尾山有神人面蛇身竊舐臼中餘藥即直目正乘其瞑乃晦其視乃明開閉爲此方晝夜不食不寢能請致風雨燭照九陰幽隱是爲燭龍皆此丹之功驗也舉座仙眞方知此丹之神貴復飲瓊漿一巡顏皆渥然或倚柱高歌或仰天長嘯天帝恐失規矩辭以不勝酒力王晨曰聞道君將降東土不可有悞誕期咸當護送元始邀在會同往錫則辭謝王母不敢相留揖遜下臺一路鳳嘯鸞鳴飛翔左右玉童執羽蓋前導靈妃吹笙簧後隨行過瓊房

璿闕、遥見玄圃大開、寶樹琪花、色香俱勝、其中桃木千行、單又含葩露蕋、回顧紫蘭宮蕋珠宮、縹邈雲外、俯觀九芝之洞萬香洞岑寂烟生、歷此不自知聞之令人羨、

少女易形、伯鯀變相、其跡相似、然一爲羽屬一爲介屬、雖俱證果、不無雲泥之別、根器不同故也、

李凝陽形體魁梧、無益於正果、可見妍媸好醜皮囊也○欲得瀟灑自如○信乎必須脫去○

此節以三元四岳雷尊太陽太陰等證果發明無數至理可知、天尊錫爵如此、鄭重益見封神等書之不經矣

銀牀轆轤
周轉用以

○○○曲仁里老子臨凡　○○○雲母山錢鏗應聘
至崑崙下都有沙棠木凡人食其實履水不溺以其木為
舟弱水不沉下都之川澤林巒鳥獸草木使人應接不暇
容成子蹲踞醴泉邊倚石瞪目而視鬭苞扶之不起反向
侍童索筆墨扯下裏襟揣摹崑崙景致頃刻圖就纖毫不
遺旁有細字註明遍衆覽之
崑崙墟基廣輪之高廣方八千里高八萬仞步上二千
五百餘里蓋天地之表柱也去嵩高五萬里有木禾長
五尋大五圍其實類穀食之益壽南有深淵可三百仞
曰靈淵面有九井以白玉為欄楯白銀為牀檻震有九

渡水、

門開明天獸守之身類虎而九首皆人面東嚮而立百神之所在復有軒轅之臺射者不敢西向八隅之巖嶢峻莫能上下有樹鳥六首蛟表池秩樹白鶴青鵰西有鳳鸞皆戴敝而舞其北有文玉玗琪樹三珠樹不死木又有離朱木智栢聖木甘水轉東乃六巫所居户後有琅玕子樹觀其大概在流沙之濵赤水後黑水前閬苑之西有層城九重曰天墉城中有金臺五所玉樓十二四圍弱水環之其水不浮鴻毛外有炎火之山雖大霖雨其火常燃有白鼠時出其間無不曲肖且極精詳見者皆贊其精妙容成笑曰攜此圖去自有用處同衆濾

伏脉

玄妙玉女

泑水、過積石山、駕五色祥雲起半天霞彩片時已至南亳
錫則時乘日精駕九龍空中謝別羣仙化一大星突流於
一小園之中亳州有流星園浮丘白石容成一真金蟬善卷諸仙、
亦欲就此降凡、別諸真飛身而下宛丘自去行事其他自
還天宮洞府、錫則雖累世顯化、而未有誕生之跡將欲和
光同塵以立世教、乃先命玉女降於善門迨商南庚五祀、
庚申自太清仙境分神化氣、始寄胎於玄妙玉女腹中玉
女時年八十而無壻、軌身如玉貞靜自守忽受炁於天然
容色常少、神氣安閑、所居處六氣和平、衆惡不侵冬無凝
雪夏無酷暑常有祥光覆映左右、五行之獸衛其堂室懷

大聖人降生自然奇特且不可以實迹舉揚試思其意云何

胎八十一年不覺其久至武丁三十四祀庚辰二月十五
日玉女夢見天開數丈有衆真捧日而出玄雲旋繞其旁
覺而起立渦水園中時當日初出手攀李樹對日凝想良
久日精漸小從天墜下化爲流星如五色珠飛至口邊因
捧而吞之忽從左腋下誕生一子初降即行九步步生蓮
花左手指天右手指地曰天上天下惟道獨尊我當開揚
無上道法普度一切動植衆生周偏十方及幽牢九獄度
應未度咸悉度之隱顯人間爲國師範位登太極無上神
仙復趺坐李樹下指樹曰以此爲吾姓是時陽景重耀端
露陰庭萬鶴翔空九天稱慶所生之地在苦縣之瀨鄉曲

慶賓

靈飛

仁里在亳州歸德之界即鹿邑地一云哲竹又名偉貞縣賴鄉一云厲鄉有流星園太清宮九龍井諸勝蹟存焉。玉女視之、鶴髮龍顏、頂有日光、身滋白血、面凝金色、舌絡錦文、額有參牛達理、日月角懸、長耳矩目、鼻純骨雙柱、耳有三漏門、美眉廣顙、踈齒方口、足蹈三五、手把十文、仍有七十二相、八十一好、浴於池中、有九龍化九巨鯉、吸水噴之、玉女跪捧薦水浴之、龍出之地、因成九井、漢伏滔北征記云老君廟中有九井每汲一井九井皆通鹿邑靈溪池也、遂能言笑行動、人皆以爲怪異、或勸坑之、玉女父曰、靈飛名廣、本皐陶之後、至商時、父子相承得修身之道、父慶賓性極慈祥、年百餘歲、常有少容、周遊五嶽諸山、一旦飛雲下迎、昇天、靈飛感父上昇、精修

大道至是聞女無夫生子見有聖徵命女用心撫之生甫
九日身有九變皆天冠天衣自然被體至六齡自謂耳大
取名重耳字伯陽人以其生而白首號之曰老子以其耳曼無輪
化後謚曰耼故又稱老耼自幼聖智神化及長身長十有二尺形如喬
木有四十八齒聖母旣誕育道身未幾靈飛昇化至是聖
母亦將返天位欲示世人以師資授受之道乃告老子以
受生至道問答經旬聖母曰我將行矣當有太乙元君語
汝丹方言訖即有千乘萬騎五帝眞擁八景玉輿迎之
昇天證位無上元君老子再拜目送於是乃遠遊山澤求
鍊神丹行經勞山果遇一位高眞乘五色斑麟侍官數十

人老子從之問道高眞曰吾太一元君也道之要在乎還丹金液耳。遂授以秘訣老子退而修之明年復於歷山會見元君乘白鹿遊行樹下因謝神丹之方元君曰吾爲羣仙之尊萬法之主玄靈秘術本吾分也奚辱謝焉老子曰凡民無知死者甚衆撫心泣血見之傷悲欲給以神藥令皆得長生可乎。元君曰不可生道至重必授大賢及孝友篤實之士天生萬物有善有惡善者宜生惡者宜降不足給藥給皆生也。君已知之不可輕泄吾於每年子月子日降教於世也言畢雲擁鹿足冉冉而去老子乃垂法以勸來世謂神仙之道必假修煉而成故期以守眞抱一煉丹服炁然後乘空凌虛出有入無隨意所適人莫能測以開來有之規模爲渡人之舟楫歷代皆尊無世不見也商王武丁感上帝之賜坐以待旦黎明召百官畢集乃發言曰夜夢上帝云有聖人名說迺繪畫其形使百工以之夐求於天下訪至北海之洲平陸得一人於傅氏巖中版築其形惟肖問其名曰說字曰隊是處有澗水衝決通道常壞使囚徒刑人修築說代爲胥靡以供食邀入都見王王曰是也與語三日不知倦叩其根由乃王陽甲之孫隱姓埋宗甘爲賤役武丁知其聖乃虔告重屋爰立作相以冢宰而兼師保置之左右命以朝夕納誨以輔厥德由是君臣道合政事修舉殷道大興武丁以

傳說認錯矣

祖已

說得於傳巖因號傳說陝州有傳說隱室名聖人窟說陳言天道與人道未嘗不相為用王好祀鬼神時設祭享蓋商俗質而信鬼說復有黷於祭祀之戒言當教民以正丙辰十祀春王祭成湯明日又祭禰廟特豊有雉飛登鼎耳而呴王懼祖已曰臣扈之後豊於昵失禮之正爰作訓誥以感王武丁反已修德蠻夷編髮來朝者六國以所貢為章服多用翟羽之文其後重譯來者又七國北之鬼方無道負固而擾諸夏其俗隨水草蓄牧衣皮毛以氈為廬幕怒殺父兄娶先私會病則燒石自熨葬則歌舞相送或以屍置樹上三歲後收焚其骨王欲伐之傳說曰鬼之為言遠也性最狡猾務攻其心三十二祀王撫六軍徂征鬼方敗走遠漠王不欲進逼

說薦老彭
爲此故也

屯兵三祀以守之鬼方圭感格來歸王始班師從此氐羌之屬莫不朝貢豕韋謂王窮黷武功因鼓惑民心爲亂王欲移師征之豕韋懼奔投曲阜劉累之後御龍氏御龍夜縳出獻王斬之以其地益封御龍丁亥四十一祀王臨朝而歎曰予小子舊學於甘盤既而遯去終不顯其跡予無所從學說言木從繩則正后從諫則聖欲弘治道須求博古之士傳述先王舊章遵行以克永世聞江淮間有彭祖者帝顓頊之玄孫已七百六十餘歲信古而能述王以安車厚幣求之得於雲毋山中用爲太夫掌古史籍惟咨以先聖賢之事每稱疾閒居大彭自鄢陵北岡隱去聞淮泗

有白石先生、其道以交接爲主、金液之藥爲上、常煑白石爲糧、亦不絕酒脯穀食、日行數百里、彭乃東遊見之、視其容如四十許人、問曰、先生何不服昇舉之藥而久鹿鹿於塵世乎、答曰、天上之樂、恐不異於人間、且上界多至尊奉事更勞於人世、故我不願也、衆仙皆呼其爲隱遁仙、以其不汲汲於上天又職也、彭然其說、叩問年壽幾何、曰、汝初生時、我已二千餘歲、彭自以爲多壽、不知更有若是者、遂師之、盡學其補導之用、房中之術、自此娶妻生子不休、奚啻數次、漸覺和氣耗傷、肌膚不澤、恐不度世、因無心再娶、收一徒曰青烏公、壽亦二百餘歲、終日與究長生妙理、鉛汞工夫、彭祖厭肉多身重、

可見人不宜自滿、小往大來乎、

(四)青烏公

青精先生

行步遲滯因跨鹿入雲夢山青鳥策杖後隨乃采雲母與水桂作粉爲餌并服水晶麋角散畧有少容終以澹泊爲歎不能暢適青鳥諷之曰傳言大宛有青精先生幾千歲矣色如童子步行日過五百里能終歲不食亦能一日九食眞可問也彭祖曰予之愚心未願此已住世當食甘旨服輕麗通陰陽處官秩骨節堅强延年久視風寒暑濕不能侵鬼神衆精不敢犯五兵百蟲不可近嗔喜毀譽不爲累乃可貴耳若夫性好深僻不交俗流去人情遠榮樂此等雖有不死之壽如雀化爲蛤雉化爲蜃失其本性更守異氣且置於後未可問也青鳥私忖修道者當以遠去人

孝巳

情榮利爲務、豈可罣高人不問以貽後悔、遂辭別西去、彭亦任其所之、値商王來聘、遂應召而出、辛丑五十五祀上相傅說病薨、有大風從其寢室旋轉、直衝雲漢、皆以爲異、蓋說深得廣成黃帝之道、默而密修、故得返眞焉、武丁哭臨其喪、葬於巫陸、欲舉彭祖爲相、彭苦辭、因薦大伍山務光於商王、備乘輿往迎光、笑曰、箕星已歸天上、老彭欲借我以脫已責、此地不可留矣、遂投浮丘山、旋復遊於中條諸山、王又請彭祖爲相、彭曰、不容我安靜、斯須將從務光遊矣、王乃用祖己爲相、政事不失、五十九祀乙未、王武丁崩、葬於西華、長子孝己、次女載意、皆天性極孝、事親問安、

第五節　七

載意嘗一夜五起於四十八祀孝己爲後母觀化氏殺死載意

觀化氏逃去不知所向武丁怒殺後妻於是次子祖庚嗣立丙申

高宗元祀相祖己頌武丁之德上廟號曰高宗配太宗中宗之

王祖庚美甲寅九祀祖己卒未幾王祖庚亦崩在位十一祀弟祖甲立

王祖甲初高宗欲舍長立幼祖甲逃於民間至是以民立之故能

知小人之依性極淫亂而好神仙導引惟處深宮講採補

事日久精力不逮遍求方藥以助聞彭大夫善補導之術

使人覘之見其從旦至午危坐拭目摩搦身體舐唇咽唾

服氣數十乃起行言笑其體中或不安即導引閉氣以攻

所患存想其氣雲行體中上達十指末下達十趾末尋即

體和使者盡述其事於王，王自往問訊，唯唯漫對，不告所以，王不真，怪明日又造其居，談笑相投，苟言及補導，一著罔聞，如是常往會之，前後致遺珍玩數萬金，皆受之，以賑貧乏，性沉重，終不自言有道，每周遊獨行，人莫知其所詣，有車馬不乘，或數月或百日，不持資糧，還家則衣食與人無異，常自閉氣內息，王卒難測其道術，後害有采女者，是太戊時選入，知養命之方，年二百七十，顏如十五六，愛靜獨處，人莫敢犯，諸王欲幸之，即以死自誓，遂聽其靜養，爲立華屋紫閣於掖庭以居之，祖甲因浼采女往探彭祖，采女素知其有道，乃乘輜車前往拜見，先叩其根由，彭祖是

便不是道

舉止不凡年神閑逸知其少有所得遂不隱諱曰吾昔陸終氏子也在胎時父即離去吾母生三歲又失吾母遇犬戎之亂流離西域十數載復歸中土和滋味以事堯歷虞夏度池有功受封於彭辭夏后之禪學道於白石既而辟居雲母山曾喪四十九妻亡失五十四子加以少枯數遭憂患所聞淺薄不足宜傳采女曰久聞先生得道幸悉教我無秘彭祖曰人之受氣雖不知方術但養之得宜常至百二十歲不及五連六氣之傷感小復曉道得二百四十歲加之又得四百八十歲如盡其理可以不死但不成仙耳采女復問養壽之道彭曰養壽之法唯莫傷之而已矣

病方

冬温夏涼不失四時之和所以適身也美色淑姿幽閑娛
樂不致思慾之惑所以通神也車服威儀知足無求所以
一志也八音五色以悅視聽所以導心也凡此皆以養壽
而不能斟酌者反以速患古之至人恐不才之人不識事
宜流而不返故絕其源有上士別床中士異被服藥百裹
不如蜀卧五音使人耳聾五色使人目盲等戒凡此者譬
猶水火用之過當反爲害也不知經脉損傷血氣不足內
理空疎腦髓不實體已先病故爲外物所犯因風寒酒色
以發之耳內患不興外侮莫入
老君降凡開大道之宗使萬世修眞之士有所因依傳

經啟教皆歸實理。初非風影之談。會其旨者、自應首點。乙從庚化。甲木比肩。有謂太乙爲上善若水。蓋乙癸同源也。皇人尋聲救苦、世之大慈悲父。乃現身爲元君。復分身爲大士。隨感而應。豈以婦女爲嫌乎。

高宗得傳說爲相。培植國基、復衍廟祀二百祀。賢者之關繫其重若此。學者欲培植道身、可不藉於輔弼者耶。

白石生乃須彌弟子、何以不修大道、啟後世旁門一派、是仙家敗類、彭祖從之遊、所以當身不得正果、

彭祖之愛性命、可云極至、而不修眞道、優游自忽、故卒至沉淪西蜀、惜哉、

楞嚴經所載精仙是也

黃山君

延生子高

○○○中條山老彭遇救　○○○西岐周宛丘降凡

若本充實豈有傷殘夫遠思強記傷人憂喜悲哀傷人汲汲所願傷人陰陽不順傷人而獨戒於房中惑矣男女相成猶天地相生也天地得交接之道故終無限人失交接之道故有傷殘能避衆傷之事得陰陽之術者即不死之道也采女謝別回宮具以諸要教王王試之有驗欲秘其道乃下令禁國中有傳彭祖之道者誅并欲害祖采女知之見王淫亂不久必亡遂潛出宮門夜叩告之祖密同適去後有黃山君者名喜修治其術數百歲猶有少容乃追論其言集爲彭祖經彭去入南陶山中居止改名延生

武夷

王廪辛

王庚丁

王武乙

子高惟服麋角與采女爲夫婦精氣和合未嘗相厲後生二子長曰武次曰夷即名其山爲武夷乃自喜曰我子孫雖衆皆耳傳彌遠今舉此二子可教以修煉之道矣令其奉母居於此山我將肆志遠遊學傳眞道飄然自去祖甲自得彭祖之法壽過百歲强壯如五十時慾心愈熾又選妖艷之女百人晝夜宣淫不節失道走陽而崩享國三十三祀庚寅子廪辛立（一曰馮辛）在位四祀崩其弟庚丁立八祀亦崩壬寅子武乙立時東夷寖盛分遷海岱王患之乃設戍於淮泗復去舊都徙居河北名其都朝歌（取朝覲謳歌皆歸之意衛輝即其地）武乙不修厥德惟以殺伐勇力相尚濰水有一老人

君能知此　說法　險哉

教民當惜性命。輕棄不能再得。乘舟至橋下、必先登岸過
而再乘、恐爲石梁所壓。凡有舉動、必察干支所忌而避之、（迂得妙）
世傳有彭祖百忌彭城西北隅有井、泉沸如濤、人皆聚觀石欄旁、
老人亦欲往觀、乃以巨繩繫腰、緊縛樹上、旁教數人扶住、（亦寓言警世）
（何苦）始俯頭下視、謂衆曰、臨此不測之淵、何可不慎。少有顛挫、
即爲淹沒之鬼矣。由是衆人不敢登高憑險、愛身如寶、皆
以功利爲濟而弗求。王知之曰、以詭異蠱衆、誰爲予共理、
此必東夷之間客也。命拘斬之。官吏奉命而往、老人不能
避、隨吏解去。渡河至中條山下、見有八人團坐松陰、旁立
數童、內一蓬頭者跳起呼曰、子是彭大夫、因何遭繫、吏述

其由、其人勃然曰、此老不禁刑罰、我當代行、吏比衆速行、蓬頭大咄曰、借汝歸告我等皆天人、苟有不敬能降譴責也、推老人背飛陟林巒而去、衆披靡不能阻、回報於王武乙、大怒盡戮其宮吏、以土木爲偶人、謂之天神、令人與之搏鬭、偶人跌仆、即批其頰曰、强横亦如是耶、復牽而戮之、又爲革囊盛猪羊血、懸而射之、貫革血出、淋漓於地、遂拍掌大笑、謂之射天、每喜遠出遊畋、傷殘民稼、時一眞奉師命、爲殷德將衰、於今癸酉歲、當圭瑞十三刧、有聖王應運而起、令下山輔正立功、來中條辭玄女、恰與岐伯雷公風后、務光、仇生、六位共議時政、適遇彭祖、務光曾與相識、問出原由、喝退衆人、携之入山細問、彭祖、道祖甲之、淫亂武乙之强暴、玄女曰積善有慶積不善有殃理固然也、祖甲之亂始七代而隕其子孫、或能强明勤政猶可少挽運數、今武乙益以暴戾三世而斬必矣如罪惡貫盈身且不得其死能保其子孫乎、西岐運氣攸歸當生聖主以應其數、將令小徒伊尹下山爲輔、諸公何不乘時建立一眞曰師尊之意爲此但戒曰創基少陽切勿曲取故我欲往東去待時而動、玄女曰公運將至予當遣物相報、岐伯曰不密與我爲鄰、察其世修仁德其子孫必有天下、我將逸於佘中、侯宇内澄清凡有疾病者、用藥餌拯治、闡發淵微廣行

須記商周同宗、

此道畧禅王化之不及也玄女曰二公正無東道主人幸
值務道友指引光欣然五人結伴同行彭祖留居中條日
與風后伊尹講論陰陽千八十局奇門遁法玄女爲刼運
已至謂尹曰汝雖輔命之臣須得撥亂之主尹曰先聖後
聖其志相同故主成湯棲神於濟陰願再奉以除暴救民
決不戀戀於子孫也玄女然之於是屆期相次而出玄女
曰聖賢秉陽剛中正之氣雖棄世而神不泯亦如尸解蛻
化二人同降岐周自成弘勳也風后曰殷周是棄契之後
湯距今五百餘歲而反托生於周疑於倫理有乖乎玄女
曰考諸世系湯猶爲姬昌之姪以姪繼叔無傷倫叙且昌

仁慈必不爭經行權惟湯可繼而行耳湯與尹始以師友爲君臣今以昆弟爲君臣亦無不可也風后稱善彭祖遊談無伴隨別去訪青精先生消息直至大宛問人莫識回至華陰遇青烏公始知青精即宛丘所假已托生於周公季爲子矣自此彭祖與青烏居華山靜養務光五人東至朝歌郊外聞武乙囊血射天僇辱天神雷公大怒曰回雷城就職先以無知小子正法於是送岐伯入東陽桂巖又（伏筆）與務光引一眞至東海善門投胎其先代曾爲四岳佐禹受封於呂流居東海世崇忠孝一眞遂托生焉（安頓一眞）仇生留務光往北尸鄉山中雷公入澤理事畢即上雷城施行丙子

王文丁　姞氏　台壐　叔均　不窋　鞠陶　公劉　慶節　皇僕

夏武乙獵於渭河白日麗天忽起霹靂震死在位三十五祀近侍輿歸其子太丁迎葬於都之東北丁丑即位為元祀因名與上祖相同乃改為文丁壬午六祀羌戎侵擾諸夏西岐周公季借作過文伐之大克季為稷十六世孫稷納姞氏生台壐襲為后稷之官壐卒子叔均立均卒子不窋立是時夏太康失國廢稷官不復務農不窋既失官奔戎狄居之號北豳寧州弘化縣南三里有不窋城不窋子鞠陶鞠陶子公劉雖在戎狄復修先業務耕稼相地宜又徙於漆縣豳州新平縣自漆水南渡渭水至南山取材木為用居者有積倉行者有裹糧公劉卒子慶節立慶節子皇僕皇僕子差弗差弗子毀踰毀踰子公非公

差弗
毀隃
公非
高圉
亞圉
祖類
亶父
獯鬻
唐玄宗以祖類幽故改邠
畎夷
周

非子高圉皆能修祖之道邠人效化高圉子亞圉字雲都亞
圉子公叔祖類凡四稱一名組紺諸盩字叔類號曰太公常自歎曰聞德爲賢
者所附吾國世德相濟當有聖人適我因之以興也叔類
子古公亶父大修后稷公劉之業施德行仁國人皆戴之
時狄人獯鬻正强古公以皮幣犬馬珠玉與之侵剋如故
古公乃屬耆老曰狄人欲吾土地吾將去之乃與眷屬渡
漆沮踰梁山居於岐山之下邠人舉國相從地近畎夷古
公乃變戎狄之俗營築宮室城郭南邑於周原遂號周國
居三年歸者日盛始作五官曰司徒司馬司空司寇司土
典司五衆教民蠶桑耕種內無怨女外無曠夫古公初娶

有邰氏	太姜	泰伯	仲雍	季歷	摯任氏	太任

有邰氏女爲妃曰太姜美而賢生三子長泰伯次仲雍次季歷時商道寖衰周日强大古公有翦商之志泰伯諫不可季歷有大畧每與古公相投歷娶摯任氏仲女爲妃曰太任仲虺後端莊誠一與姑太姜比德及有娠目不視惡色耳不聽淫聲口不出傲言以爲胎教武乙癸卯二祀季秋之月甲子有赤爵啣丹書入於酆止於户季歷得之視其書曰

敬勝怠者吉怠勝敬者滅義勝欲者從欲勝義者凶凡事不强則不枉不敬則不正枉者廢滅敬者萬世以仁得之以仁守之其量百世以不仁得之以仁守之其量

◎姬昌

十世以不仁得之以不仁守之不及其世是朝太任生一子曰角鳥隼胸有四乳古公命名曰昌常抱置膝上曰我國當興其在昌乎泰伯會其意即與弟雍逃至東南蠻地其俗習於水故斷髮文身以象龍子使不傷害二人效之以示弗用在蘇州北五十里梅里村其冢猶存古公薨泰伯仲雍還奔喪哭於門示夷狄不入王庭留之不克於是季歷立時昆夷更强結連羌戎諸部直犯殷民驚恐周公季出兵邀擊大敗羌戎於河曲昆夷遁去季復進伐西落鬼戎北地賴以安息王文丁以周公有功賜命牧師為九州牧之師長丁亥周公季薨葬於南山[illegible]庚午子昌立時年四十六明

帝乙 啟 仲衍 受辛 毋后 元銑 箕子 紂 比干 商容 梅伯 鬼侯

祀巳丑殷王文丁崩在位十三祀庚寅子乙立是為帝乙有三子長曰啟字開仲曰衍字思季曰辛字受毋后賢素知受辛亮戾勸帝乙立啟乙曰啟毋賤后曰辛少而賤立必敗國太史元銑據法力爭帝乃立辛為嗣封啟於微帝封胞第益巳於箕帝乙在位九祀而崩巳亥受辛即位資辯敏捷倒曳奔牛托梁易柱好酒喜淫謂其殘義損善後謚曰紂時有微子啟仲衍王子比干箕子賢臣商容梅伯鬼侯辛甲祖伊太師疵少師疆諸輔相莫能同其過專嬖一人曰費仲即費昌之後其祖父或在仲國或在戎狄仲以材力事紂又有父子二人曰飛廉惡來伯益四世孫曰仲衍衍之曾孫曰胥軒居戎妻酈山之女生仲濡以親故歸周為保西陲西陲和睦仲濡生子飛廉號處父善走日

辛甲　祖伊　太師疵　少師彊　費仲　飛廉　惡來　有蘇氏　妲己　崇侯虎　姜后　殷郊　殷洪　單池國

行五百里、子惡來、名輒、有絕力、能手裂與費仲奢靡相尚
虎豹之皮、父子皆善逢迎、有寵於紂、
教紂以象牙為箸、犀玉為杯、箕子聞而竊歎、冀州有蘇氏
夏昆吾之後、泰貢不先賂仲、因言其女甚美、紂令其進、有蘇拒
命奔歸、丙午、入祀、命崇侯虎往伐、有蘇懼、以妲己女焉、妲
己善狐媚、紂寵之、惟言是聽、正后姜氏進諫、紂貶死、并殺
其二子郊洪、元銑忿諍、亦被殺、癸丑卜五祀、造鹿臺、瓊室
玉門、七祀乃成、築鉅橋之倉、以積粟、厚賦斂以實鹿臺、遊
邏為離宮別館、多蓄禽獸於中、慢於鬼神、不為祭祀、聚百
戲於沙丘、如夏桀之肉山脯林、酒池牛飲、令男女露體褻
狎、單池國獻一玉虎頭枕、紂與妲己同枕而觀之、宮中開

◎墨胎元
◎墨胎致
□孤竹君初
十太顛
十閎夭
十散宜生
◎姬旦
◎姬奭
十南宮适

九市爲長夜之飲、以百二十日爲一夜、車行酒、騎行炙、醉而忘其旦
辰甲子、百姓皆怨、諸侯多畔、妲己以爲罰輕誅薄、乃制炮
烙之刑、天下益懼、封鬼侯於相、爲九侯、鄴縣有九侯城、封梅伯爲
鄂侯居於邘、今野王縣有邘城、分鎮南北、周公昌身長十尺、脂面
修鬚、性涵聖智、外見慈祥、事父母盡孝、必日三至寢門、問
安視膳、禮賢下士、俊傑多歸之、墨胎氏兄弟伯元字公信、叔
致字公達、孤竹君初字子朝之二子也、帝嚳之後、湯始封之、因讓國出避
北海、聞岐周尊老來就其養、太顛閎夭散宜生三子聞周
公子旦子奭好賓客、同南宮适、鬻子辛甲之徒、往歸、甲事
紂七十五諫不聽、去殷來周、子奭言於父、以爲客卿同作

膠鬲

虞箴以獻昌揖受之鬻子乃陸終氏第六子季連之後芊姓名熊多著作諸子書起於鬻子目南蠻而來年九十矣周公疑其老鬻子曰使臣捕獸逐麋鹿巳老矣若使臣坐策國事則臣方壯也周公事以師禮閎夭面無見膚籌畫縝密南宮适材力邁衆散宜生博聞多智周公俱以友禮待之西岐大治崇侯虎譖於紂曰姬昌世稱為聖將不利於王紂乃召與九侯鄂侯為三公使居都中時有賢士膠鬲遭武乙之亂乃隱販魚鹽周公厚幣招之進於紂以為鄉惡來挾隙言九侯之女於紂女不喜淫紂殺之九侯哭於朝紂醢之鄂侯直諍并葅為脯朝臣無敢再諫周公歎曰此效

入用之位 後天之學 有莘氏 太姒 伯邑考 發 鮮 度 振鐸 武 處 川

夷虐也、毒方有鬼州之夷以人肉爲祭、以其骨爲醢 崇侯以告紂、紂怒、囚昌於羑里、相州湯陰縣北九里 周公毫無怨望、是歲辛酉將歸藏之卦象探索大義、原究精微、演辭之德於下、按伏羲氏垂黃策、制卦八體、盪爲六十四、有天地自然之易、在夏曰連山、首艮、取成始成終之義、烈山氏所定、商曰歸藏、首坤、取包含藏聚之義、軒轅氏所定、周曰周易、周公昌所定、因有交易變易之義、故名曰易、日月合體也、更其次序方位、以西北乾位爲首、北坎、東北艮、東震、東南巽、南離、西南坤、西兌、後世宗之、周公娶大禹之後有莘氏女、有幽閑貞靜之德、敬順太姜、太任、恭執婦道、稱爲太姒、嫡生十男、長曰伯邑考、次發、次鮮、旦、度、振鐸、武、處、封、聃、季載、長子考仁孝勇聽、入朝願質爲執御、以贖父愆、紂不聽、考望闕厲聲數紂之惡、紂命烹之、以肉羹賜昌、昌拜食無餘、使者還報紂曰誰謂姬昌聖食其子而不知也閎夭散宜生謀以術啗之乃求有莘之美女十人驪戎之文馬及珍奇之物因費仲進之紂大悅遂釋昌歸周公在羑里七祀歸獻洛西赤壤千里請除炮烙之刑紂許之賜弓矢斧鉞得專征伐周公於辛未受命爲西伯虞芮二君爭田不決質成於西伯退以所爭之田爲閒原在河東漢南諸侯歸者四十餘國西伯治岐耕者九一仕者世祿關市譏而不征澤梁無禁罪人不孥發政施仁必先鰥寡孤獨開學校申明孝弟之義制田里教樹畜黎民安樂殷紂偏用讒佞比干切諫過接妙不聽元老商容每多阻抑被黜歸家有疾聞亳邑有李飴

陽道德高妙徃訪之未知究竟先看如何

養生之術彭祖言之詳矣但非大道僅能少延歲月耳

世人知此亦免夭扎

初借老彭一過中條引出伊尹成湯同降西岐復借青

烏公明言宛丘托生以至一真投東海岐伯入桂巖雷

公擊武乙筆似游龍

羑里之囚益彰聖德西伯無纖毫憂戚惟聖人能處患

難

西伯食子重王命也權也非聖人之忍也觀後乱子覆

醢可知

姜尚

○隱磻溪垂綸抱道 ○呈制命蹤約遊師
既至見其身高六二皓首美髯匆匆有遠行之色容問曰
先生無遺教於弟子乎伯陽曰將語子過故鄉而下車知
乎容曰非謂不忘故耶伯陽曰過喬木而趨知之乎容曰
非謂其敬老乎伯陽曰子爲上卿何敢逸於此容不答張
口吐舌以示老子曰噫舌以柔存齒以剛墮動若劍鋒入
病出禍子得慎言韜隱之趣矣吾聞西伯養老將往歸之
別容而行過洛東一人被褐垂釣於磯上老子識是一眞
轉生之姜尚字曰子牙自誕東海親喪家貧行年三十賣
漿於棘津有賣漿臺守困多年乃屠牛於朝歌東市無人市買

之司馬氏女

見紂恣行暴虐浩然歎曰吾聞君子不履危邦去隱遼東數年所交皆肥遯高賢已而復歸東陽娶司馬氏女爲妻徙居南山於下溪中釣魚三祀不獲一鱗或告曰可以止矣尚曰非爾所知也河間南皮有釣臺一日果獲大鯉剖之得兵鈐大要六篇皆經緯兵陣之術讀一月盡得其妙太公陰符本此其妻偶視其釣直而不鈎怒曰子乃嵬嵬之士安望富貴哉尚曰吾寧直取不效曲求非婦人所知也尚復臨溪而釣老子見而呼曰姜子別來何似尚舉頭視之其人老有精神趺坐於對岸樹下微笑似曾相識老子曰汝已迷却本性何能理會且食我覺元丹手拋一丹擲來一道赤光

姜竈　姜女　鮌時子斯

正投入懷取食之恍然大悟二人不言而喻老子曰子何不求仕進今我往就西伯子來必有遇焉尚曰以何道爲遇合之機老子曰秪以此道釣之可也至時吾先報子以玉文更以異徵報明主爲汝作合子其俟之言訖擔笈西去尚收綸回與妻及子女子名竈年七齡女年十齡同赴西岐就養居止渭濱釣於磻溪將三月忽得巨魚腹有璜玉檢其刻文曰姬受命呂佐之報在齊尚知時至每日正襟持竿以待時天下凶荒飢民萬計流入西岐就食西伯恐食少慘然不樂有下臣鮌時子斯曰賢能者使在職位餘給以西北曠地計口分田使其有業矣西伯嘉其言爵爲大夫初龍

赤狄

密須氏

苗之裔在西戎分二種一爲赤狄一爲昆夷太顛惡之言於西伯曰昆夷不可以德化當以兵攝西伯舉兵擊於洛原大敗之散宜生曰涇河密須氏姞姓之國比亟黨惡數侵害鄰國討之怨正適報密人侵阮疆至共地西伯命生移車徒遏之獲戮其君復立其子作邑於程即咸陽西伯振旅歸岐是晚宿於營夢一熊生雙翼自東南飛入殿陛侍立座側待旦問於臣下散宜生曰宜獵於此方以求之西伯使史編卜其兆曰

田於渭陽將大有獲其所得者非龍非彲非虎非羆主得霸王之輔

西伯問何所徵編曰昔編之上祖史疇爲大舜卜得皋陶兆比於此西伯齋戒三日同鬻辛等獵於渭水之陽有三五漁者或釣或網休息於磐石之上相與賡歌見車馬循岸而至皆避入柳林西伯令請來已度嶺不見正驅車招尋有耕牧之夫荷鋤橫笛而歌聽其辭意慷慨喚至下車恭問衆驚跪曰吾等皆野人渭濱之西有釣叟自號飛熊子常作歌以教西伯曰其人安在民曰日於磻溪垂釣直循上流可見西伯令前導約退車從步去遙見綠陰下一叟童顏鶴髮貌偉非常藉茅端坐於磯民指是之西伯即欲前拜其老垂釣不顧少頃擊石歌曰

西風起兮白雲飛歲已暮兮將焉為陽春不轉兮吾誰
與歸
西伯屏息立於後俟其歌畢與辭辛降拜其側叟投竿扶
起四人列坐磯傍各道姓氏西伯問曰子樂於漁耶呂尚
曰君子樂得其志小人樂得其事今吾漁甚有似也西伯
曰何謂也尚曰釣有三權祿等以權死等以權官等以權
夫釣以求得也其情深可以觀大矣西伯曰願聞其情尚
曰源深而水流水流而魚生之情也根深而木長木長而
實生之情也君子情同而親合親合而事生之情也言語
應對者情之飾也言至情者事之極也夫魚食其餌乃牽

太公望

潘正

其鄉人食其祿乃服於君緡微餌稀小魚食之緡綢餌香中魚食之緡隆餌豐大魚食之人之於祿亦猶是也且天地生財而能與人共之者即爲仁仁之所在天下歸之矣西伯再拜曰允哉敢不受天之詔命乎昔吾祖太公嘗言後有聖人適此以興吾國子當應此吾太公望子久矣遂尊號太公望勸以登車并請其眷屬載於後與之俱歸時壬申秋九月也（尚年七十二而西伯年已九十西伯長太公十八歲非太公八十始遇文王也）西伯自得太公望起第居之常留宮中與論盈虛治亂國務大禮有潘正者似忠信廉潔而無其實國中皆悅之稱爲愿人太公察之曰正所爲德之賊也遂執而誅之由是民

務實行而無飾詐者一日太公退朝見一人乘小車而過乃前所遇之老子太公下車相見老子搖手令勿出聲同升車至第設上座拜問老子曰觀風西岐自號支邑先生西伯欲以我爲大夫堅辭之命爲守藏史此文章典籍之司有補於道故就之尚曰吾師雖不主於通顯而亦不可太屈老子曰守藏清閒散誕其職易稱故暫居幾時子如彰之是速我行耳尚不敢強然有大事必往諮之閎夭散宜生南宮适皆從太公學方術問西伯何如君望曰聖之本賢之枝仁孝之英華光大之果實也自是三子益傾心西伯知其勤勞每與太公等禮相待號曰四友崇侯虎倚

崇虎

竊殘聖太公曰崇可伐矣國界豐鎬二水是通東道之地
操中土之樞癸酉春發兵伐崇崇人潰虜虎斬之釋其子
彪以延祀太公言宜作邑於豐西伯遂令作豐邑雍州鄠縣東三
十五里秋九月告成自岐遷都於此明祀太公復勸營邑於
鎬雍州西南三十二里丙子冬西伯欲營一臺於鄷以望氛祲方經
度營表民皆來助不日成之臺下為圓方七十里鑿一沼
於圓掘地得死人骨西伯命加以衣棺更葬之吏曰此無
主矣伯曰有國者為一國之主天下聞之曰西伯澤及枯
骨況生民乎樂臺沼之成名曰靈臺靈沼中有
火羽一應 鳥獸魚鱉翔養雜兎與民同之
時有丹鳳
鳴於岐山天柱有一獸白虎而黑文尾長於身不食生蟲

騶虞
史佚

遊於山下散宜生曰此仁獸也名騶虞仁君出乃見史佚因作虎書以紀瑞西伯令子旦爲政於國中子奭宣布於諸侯德教化行天下歸周者荆梁雍豫徐揚六州惟青兗冀三州屬殷紂西伯仍率諸侯以朝商丁丑夏太公曰君其修德以下賢惠民以觀天道西伯即發倉廩以賑貧窮是秋太姒夢商之庭産棘子發取周庭之梓封於闕梓化爲松柏柞棫寤以告西伯伯命發占之宗廟大吉羣臣拜賀發有德色伯曰爾何夢耶戊寅冬西伯寢疾召太公子發曰嗚呼天將棄予予欲師至道之言明傳子孫太公曰若何而用伯曰先聖之言其所止其所起可得聞乎太

師尚父由如此分疏

姜若春

公曰見善而怠時至而疑知非而處此三者道之所止也章肯
柔而靜恭而敬強而弱忍而剛此四者道之所起也故必
以義勝欲以敬勝怠乃為吉也言未終伯詡曰此赤雀丹
書之語予何符之太公曰偶相合何足異也伯知決非凡
品乃命太子發奉事太公當師之尚之父之又囑曰般王
雖無道然吾家世事之必當敬守其職并教以大公之語
載在銘府發拜受起五日伯見一童子自空而下口稱先
生期我百歲來會今其時矣伯恍如舊交省曰予非吾弟
子姜若春乎在大宛時授汝制命九方曾合服否童子曰
服竟經二百歲轉少南來遇老彭以師禮待我乃授其方

姬高
黎侯
邘侯
祖伊

三首帶數丸於此先生試嘗之呈一丸於榻前西伯拈嚼於口頓覺身體翕翕飛動若春亦爵一丸飛去伯問左右曾見否惟小內侍見之伯遍召叮嚀遲葬我十霜終能解去言罷奄然而逝（時年九十七歲）己夘夏遵遺命權厝明祀庚辰發嗣立為西伯生得駢齒剔眉剛强果決尊太公為師尚父（太公年正八十）西伯發與弟旦奭高相洽而旦孝弟忠信尤篤立為輔以奭為佐太公以黎侯不道遂奉命征之辛巳南宮适為將率師戡黎破其鄂郭邘侯來援适提勝兵擊之虜邘及黎二君遷邘侯於瞿免黎侯歸國自省（黎在上黨東此祝融官之後邘在野王西北鄂侯之子皆商畿內之民）殷賢臣祖伊（祖己之後）奔告於王

王曰我生亻乍在大是何能爲伊摯家避於巢東紂有佞臣晉開進諛言賜金玉而封之傍洪水起一高樓名摘星樓與如巴遊宴其上斮朝涉以辨骨髓剖孕婦以驗男女民懼其殘虐棄殷歸周太公進曰殷德遊昏若舉兵東向應無不樂從者西伯以遺命不敢違太公曰善繼志述事爲大孝先君以丹書授子發謂時至勿疑舉弔伐之師仁莫大焉西伯悉任師尚父所行戊子秋大興東征之旅築壇于南郊禱告天地祖宗拜太公爲上將适爲司馬夭爲司徒生爲司空并諸受符節有司載父昌木主於輅車凡事禀命而行師尚父用革車三百乘甲士三萬六千五百人

共伯

胙侯 一

東征至洛水墨胎二老阻路扣馬而諫左右欲加以兵太公曰此義士也令扶而去之西伯不欲東征渡黄河中流有白魚突入舟伯以爲不祥尚曰魚鱗介之屬兵象也白者殷之正色令入我舟天命歸周之意命庖人烹之以祭百靈既渡有火自上至西伯之屋流化爲烏火羽三應其色赤其聲魄散宜生曰烏乃孝鳥君能終成大業故烏瑞臻火化而赤者吾所尚之正色也聲魄然安定意也伯乃釋然登陸整旅而進時四方諸侯不期而會於孟津者八百皆頭受盟遂名盟津兵抵甯郡甯封使火處後名嘯父亭畿内共伯胙侯拒敵太公令退兵勿戰諸侯咸以爲懦西伯曰天命未可也還歸師

壬子須　林堅　向摯　師延

鄭營葬父昌於畢郢槩棺如無物中有聲吃吃明祀庚寅諸侯合兵伐殷紂師小勝諸侯退侯西伯紂愈肆淫虐壬子須務爲諂諛紂深信其言微子數諫不聽痛殷之將亡乃遯於荒野箕子諫亦不聽汾河西北山有白彪出子須奏仁獸騶虞現紂知汾水多洞奎令比干往騶虞山邀臺避暑比干進諫不去紂怒曰知物理盛衰者爲聖人吾聞聖人心有七竅遂殺比干剖視其心其子堅逃難於長林山因林爲氏林放其後即箕子聞而懼乃佯狂於市紂令囚之髡鉗以爲奴內史向摯載其圖法奔周太師疵少師彊亦抱祭器樂器歸周紂以師延代之作朝歌北鄙之音比里

天警極矣竟罔聞何

之舞靡靡之樂紂聞之樂而忘倦時怪異迭見夷羊怪獸在牧蜚鴻蝗屬滿野山鳴河竭天雨肉雨石兩日見龜生毛兔生角女子化爲丈夫宮中夜聞哭聲而不見人紂日耽淫樂置若罔聞西周聞微子去比干死箕子囚太公謂西伯曰殷之民望絕矣宜速伐之大舉甲士四萬五千人東伐是歲庚寅冬乃紂五十二祀渡河會諸侯於盟津太公作泰誓告以伐紂之故辛卯春正師至鮪水紂使大夫膠鬲來覘周師并問以會期伯待以客禮曰吾將以甲子至殷郊鬲辭去時天雨不止傳命疾行癸亥夜衆至殷郊築土城以爲衛今衛州城甲子昧爽太公登高而望城南有臺址西伯養

湯放桀武王伐紂賞罰之所尚有報應

戎衣率諸侯之師軍於牧野親誓於衆書有牧誓太公撥戎車三百乘虎賁三千人馳入殷師殷之前徒倒戈反攻其後紂敗入城登鹿臺自焚取天智玉琰五環近身而焚其屍不壞移紂屍於玉門外西伯拊屍三踊而哭禮葬之北郊獲妲己於摘星樓命斬之行刑者見容媚而惑莫能舉手易一人真狐媚仍如是大公知其妖令以物蒙其面而斬之懸首於大白之旗微子啣璧迎降乞勿害民西伯扶慰曰發為弔民疾苦也二月諸侯請西伯膺大命以正位號西伯再拜不受咸推戴之至本意弔民伐暴孰知應天順人

大地人俱迷本性忘却前因安得老子盡以覺元丹食

之。或曰、有根氣者諒亦不惜、
後世止知有老聃為柱下史而不知商周革命之際在
史館者、即其人也、閱此始見周之興、與後代不同、
宛丘既已托胎治世故去必借尸解、然亦戲姜若春來
接引好弟子斷不可少。
夷尚皆受文王之養、一則佐命翦商、一則扣馬切諫、二
老行事非有低昂也、蓋一為千古植綱常、一惻萬民遭
陷溺。各行其志。同是救世之心。
姐己能令行刑者迷惑。寧為之死。色之害人如此。可畏
哉。

武王　武庚　毛叔鄭

○封列國周武酬功　○○降六魔洞隂蕩穢

始就天子之位、後謂以武功定天下諡曰武王、立太公女爲妃、是爲邑姜、立子誦爲太子、封紂子武庚、名祿父、以奉紂祀、分其畿內爲三、以東爲衛、使弟叔鮮尹之、都西爲鄘、使弟叔度尹之、北爲邶、弟叔處尹之、令相祿父治殷、實監其國、殷有天下凡三十一君歷五百零九、祀、封弟旦爲周公、弟奭爲召公、庶弟高爲畢公、弟毛叔鄭爲滎公、更名園、王踐祚三日、問於朝曰、惡有藏之約行之博萬世可以爲子孫恒者乎、師尚父陳丹書之言、又問黃帝顓頊之道、尚父曰、亦在丹書、且臣聞以仁得之、以仁守之、其量百世、王惕然曰、善哉、退而銘其器、凡十有四則、以自

警命釋箕子之囚聞商容膠鬲南忠良皆不知所往每過其
閭必憑軾起敬命散鹿臺之財發鉅橋之粟大賚於四海
命南宮适史佚展府藏寶玉遷九鼎於洛欲定都焉王知
守藏史老聃有道問之曰誰能復移此鼎老子曰王自遷
之王自動之非文人所知也王不審其言遷老子為柱下
史命封比干之墓（在汲郡北墓前碑碣題有殷比干墓乃宣聖手書）捕費仲惡來
斬於市百姓爭噬其肉無餘時飛廉為紂作石槨於北方
歸無所報就霍太山為壇而祭報得石槨復作銘於棺遂
葬於此逃附於東方奄國師延自紂兵敗即抱琴投於濮
水王令驅園囿中虎豹犀象於遠方王曰恐懼命周公旦

桂父

亦知是當年女婿乎

進殷之遺老問興亡之故遍訪山野隱賢太公曰予困棘津時高陽之丘有桂父者隱於桂巖巖多叢桂常餌桂葉能合藥治病所活甚多博學好問每以師禮事我有濟世之志可招用之王使人以厚幣聘至宮以大夫不受請置閑散之地時與老子太公講論性理四月三日王自商都西還路過尸鄉北山聞亦仇生者經四五百歲恒少不老幸其石室訪之不得設酒醴祀之以表誠意而去至於豐周公旦制禮法定後世之謚追尊古公公季為王父昌為文王太姒為文母初以木德繼水而王色尚青為有火瑞復尚赤牲用騂改建子月為歲首易祀曰年朝會以朝覲

焦 穀 祝 薛 薊 遏父 大姬 嬀滿 陳 杞 東樓公 宿 鄣 茲於期 莒 邾 薛 沂

而祭壬辰元年作武成大告於天下、追思先聖制作之勞、
襃封神農之後於焦(弘農陜縣有焦城)、封其支庶於筑水之南
曰穀(襄州有穀城縣)、封黃帝之後於祝(東平祝其縣)、封其支庶於薛、封
帝堯之後於薊(燕國薊縣)、封其支庶於鑄鄉城(兗州平陰縣)、帝舜之
後遏父爲周陶正武王賴其器用以女大姬下嫁其子嬀
滿而封諸陳都於宛丘之下是爲三恪封大禹之後於杞
號東樓公(汴州雍丘縣)典紂子武庚用舊禮樂作賓王家是謂
二王、封伏羲之後於宿、一封於鄣(皆在東平)、主祀女媧封少昊
子重之後茲於期於莒城(陽莒縣)嬴姓子爵封陸終氏第五
子安於邾曹姓(在東鄒縣)封奚仲之後於薛(山東沂州)、封四岳佳夷

文叔　齊　詩　南　紀　許　冀　向　滑　江　鄖　忽生　蘇　章巳　吳　括　虞　仲　西虢　叔

之後文叔於許(河南許州)大封功臣師尚父留相王室封長子竄於營丘曰齊(改名伋)封其次子壽於甫又封其支庶於漳爲紀封鬻子於丹陽曰荊子爵(後以熊爲姓)封辛甲於長子曰冀封散宜生於鄃(清河地)封閎夭於滑(河南)封太顛於江嬴姓汝陽封南宮适於鄖(山東地)忿生爲司寇有功授以南陽之田謂之蘇子其餘分封有差封宗姓之親知泰伯逃於荊蠻無子雍隱於海虞、謂之虞仲封其孫章巳於吳以繼泰伯祀封次孫括於河東曰虞以祀虞仲(太陽縣)又封王季子仲於西虢封叔於東虢(弘農陝縣東南)封弟旦於曲阜曰魯封奭於北燕封高於畢(後改封魏)是爲三公留朝輔相各遣其子就國

東虢 曾 燕 畢 榮 管 蔡 曹 成 霍 郕

朝鮮

郭叔

封弟圉於畿內伯爵封弟叔鮮於管（鄭州管城縣）弟叔度於蔡（豫州北七十里上蔡縣）叔振鐸於曹（濟陰定陶縣）叔武於郕（兖州汶上）叔處於霍（山西平陽）康叔封聃季載皆年幼未封周之子孫不狂惑者皆爲諸侯共封兄弟之國十五人姬姓之國四十人與異姓諸侯共立七十國爵凡公侯伯子男五等王畿外析爲千八百國（附庸與焉）微子復就於微箕子辭封不就後二年夏六月王虛己訪之問殷之所以亡箕子不忍言乃陳洪範九疇蓋推衍洛書以成章實明治道其數有九王敬受之箕子亡去朝鮮（遼東外徼）王即封之於彼客而不臣號曰郭叔箕子少聞廣成之理欲繼修之而未逮於是就國朝鮮且

陽而密修兼治遠東尚禮義重農桑爲海外之聖國王念孤竹二老之義訪之欲封以國二人爲耻食周粟隱於首陽山在蒲城採蕨薇而食掬雷澤而飲樵者嘲之曰水土草木皆周所有一人遂不飲食相對作歌餓而死使者得其骨於山隈王命以侯禮葬於首陽之巔謚伯曰夷叔曰齊夷平也齊一也癸巳冬天大雨雪深及三尺有五人衣五色止卓驛於門外言欲謁王王疑問羣臣尚父曰聞南有神曰祝融北有神曰玄冥東有句芒神西有蓐收神是爲四御共工氏子龍主社爲后土共爲五方之神衣分五色殆非是乎使謁者試以名召之五神皆悚然進見王降階迎坐間

六大魔王

五神降臨何以爲教五神曰天意立周百神呵護我等欽來受命王肅然曰予小子歲時無廢祭禮焉敢驅策五神皆喜尚父欵留五神於府中間商季民間水火頻仍旱潦荐至疾病刀兵交會一時今王繼有天下灾異之事寂然皆吾神陰助之力耶五神曰吾等何能克當此任昔商紂日造罪愆惡毒自横遂感動水火旱蝗瘟妖六大魔王引諸惡鬼傷害衆生擾賊天下爾時無上元始憫之乃命王皇上帝降詔紫微垣陽以武湯降爲周主伐紂除殘陰用太玄元帥收魔蕩穢斯時玄帝被髮跣足金甲玄袍皂纛黒旗仗降魔劍統領丁甲神將與六魔王交戰於洞陰之

龜、蛇

野四魔敗遁二魔王自恃坎離二氣化蒼龜巨蛇變現方成玄帝施大威力攝二魔於足下不能變動叱丁甲鎖鬼衆於酆都大洞回天繳旨拜爲玉虛師相玄天上帝領九天採訪使特賜尊號聖父曰淨樂天君明真大帝聖母曰善勝太后瓊真上仙下追龜蛇獎勵其去邪歸正巨蛇爲天關太玄火精命陰將軍赤靈尊神蒼龜爲地軸太玄水精育陽將軍黑靈尊神並居天一之鄉四魔初畏懼避去後見龜蛇受封亦來拜服玄帝悉收爲部從於是宇宙肅清皆玄帝之力也當晚席散五神逸去尚父奏知遣使至太和致祭以酆都有衆鬼拘繫甲午春乃遷都於鎬即長安縣

肅愼氏

伯

伯

建宗廟社稷立明堂以祀五帝赤曰明堂黃曰神斗白曰總章黑曰玄堂青曰青陽國中立四代之學辟雍居中北虞學東夏學西殷學是爲大學又建鄉學爲小學俱祀先聖先師養國老於東膠養庶老於虞庠縱馬於華山之陽放牛於桃林之野釁干戈而藏之府庫示天下不復用通道於九夷八蠻各以方物來貢秋七月東北肅愼氏未幾改名息愼後爲女眞再爲女直復有生熟之别貢楛矢石砮長尺有咫王銘其括曰肅愼之貢矢使永監焉西旅致貢獒犬能曉人意召公作旅獒以戒王南方遠國巢伯來朝芮伯作旅巢九月王至豳原登高原以望商邑囘鎬曰將因有夏之居營邑於洛而居之王忽有疾經月弗

愈羣公皆懼太公召公曰我其爲王穆卜周公曰我願請命於三王（太王王季文王）以身代王死乃爲三壇同墠（築土爲壇除地爲墠）三壇三王之別爲一壇於北面周公齋被而立植璧於壇位皆南向

告禮二王太史祝册公乃卜三龜皆重吉乃納祝册於藏卜書之櫃中以金緘之曰金縢王翼日疾瘳而洛邑之工止是冬召有媒氏作鳥書（以赤雀丹鳥之瑞也）又作魚書（以白魚入舟之瑞也）作樂曰武文王之廟在酆乙未正月王至酆朝廟奏樂

箕子爲周崇尚禮樂來朝於周路過商墟作麥秀之歌殷民聞之流涕箕子朝見王待以客禮賜以旱藕箕子報以滿花席四設王問其德曰此草性極柔順常屈折之不尖

第八節

衍沈

成王

伯禽

損也留四月辭歸後道成託國於子入海而去武王始封
同母弟康叔於妹土曰衛丙申三月王疾復作知康叔好
酒召於榻前誡之遂絕飲賜弟聃季載食采於沈使吏代
治王病劇以太子誦託羣公五月王崩年六十八歲言九十三
者非按武王五十二嗣爲西伯六十四受命爲天子在位五年而崩時誦十三歲嗣立是爲成王
諡法安民立政曰成丁酉元年夏葬武王於畢原長安鎬聚東社中周公以
王未能涖祚乃攝行政事命子伯禽就封伯禽宅於曲阜
淮夷徐戎乘魯新造並起爲寇伯禽治戎備嚴肅徐淮駭
而遁周公位冢宰以正百工設屏蔽於後南面負斧扆而
立以朝諸侯王有疾甚貽公自尊其爪沉於河曰王未有

史雍

識是旦執事有罪當受其不祥乃書而藏之記府王疾遂瘳秋七月王將冠公率朝於祖廟命史雍作頌王加冠受訓公抱坐於膝使見諸侯無怖管叔蔡叔霍叔疑公專政布散流言曰公將不利於孺子王聞之亦疑戊戌二年公告退避居國之東鄙取易三百八十四爻繫之以辭以承文考之志明進退存亡之正理明年春爲詩以貽王名鴟鴞之詩是秋大熟禾未穫天忽大風雷禾偃木拔邦人大恐王將卜之觀於記府命諸史啟金縢偶得周公祝册王感悟曰不必更卜即出郊迎公涕泣謝罪同載歸國當晚禾起復活其歲倍收管蔡挾武庚叛周奄君使飛廉說淮

叔虞　薄姑氏　徐子　蔡仲

夷相助周公奏請東征作大誥聲管蔡之罪擒蔡霍武庚管叔欲奔東奄伯禽邀擊武庚死於軍獲管叔誅之函首詣鎬王弟叔虞出田得奇禾各隴合爲一穗獻之王命歸於公所公作嘉禾一篇以報王復言東方虐民之國尚衆庚子四年王親征公驅兵指奄大敗之襲滅淮夷五十餘國遷奄君於薄姑（青州博昌縣東北六十里殷諸侯薄姑氏封地）戮飛廉於海隅泗水徐君嬴姓聞大懼約淮泗諸國迎降請罪王以其賢撫慰之賜以牛馬王歸鎬京作多方一篇以告衆斷二叔之獄於酆宮囚蔡叔於郭鄰以其子仲襲爲侯建國於栢子國之東（今上蔡縣）降霍叔爲庶人三年後復其國王憐殷之

稽 宋 越裳氏 舒

不祀乃立微仲思衍之子稽於商丘曰宋以啟爲祖用殷之禮樂客而不臣錫以公爵辛丑五年公請建明堂於中州營於瀍澗之間士寅春告竣王親臨朝諸侯於明堂周公作周禮定百王之大法爲朝覲會同之制頒度量曆朔於諸侯作樂舞曰勺秋九月交趾南有越裳氏重三譯來朝獻白雉澤曰天無烈風淫雨海不揚波三年矣意中國有聖人是以來也使者迷其歸路公乃造指南車賜之使者由扶南林邑海際朞年而至其國王謂武考將營洛邑而不果命召公相度經始周公自至嵩山陽城土中立圭測影爲南土之中登封有測影臺北有占星臺聞荆舒爲黨侵淩江漢

漢　熊繹　楚　雍　蔣　逸

小國公乃遷舒於江北改封荊子熊繹於星沙名曰楚蓋苦之也公至洛與召公營治於瀍水之東報成迎王至洛以洛邑爲東都曰王城又謂成周鎬京爲西都曰宗周先時武王遷九鼎郟鄏舊是郟山鄏縣造殿安定其鼎一公齋戒度視天地宗廟以卜周之歷數繇曰

帝嚳之孫鼎基鴻赫傳世三十卜年七百

周公歎曰興廢德之所致非專歸乎天數也王還鎬公以王長能聽政時年二十一歸政於王王念公之勤勞封其子雍於蔣尊公爲太師召公爲太保夾輔王室分陝而治王與公問答之辭史逸録爲汲

江以康叔已長命就國爲衛

張隱者

侯聑季亦長封以奄地國曰滕九年秋王與弟叔虞遊於囿王削桐葉爲圭式戲謂曰以此封若史佚請擇日受封王曰吾與爲戲耳佚正色曰天子無戲言王肅然謝之遂封虞於堯之故墟曰唐侯其後時太公在家刪約風后所演奇門遁甲一千八十局制爲七十二活局明年春請王蒐於岐陽大閱車徒以正六軍復修丘井之制使天下盡井而耕於農隙田獵以講武事春曰蒐夏曰苗秋曰獮冬曰狩太公言今之制作皆宗黃帝與諸臣始建者宜立廟而列祀焉王曰然遂爲常典黃帝之子揮始造弦張羅子孫因以張爲姓而顯於吳會有張隱者年五十許具香燈

仰天而祈一城感格二宿通靈

分封列辟纖悉無遺如觀掌上螺文何攷古之精微若

是先稱仙筆

商紂播惡魔君乘機擾世固見妖由人興聖王在上而

雨暘時若亦猶高明之人鬼瞰其室也

三叔與武王同爲太姒之子俱受文王之教而今以叛

稱何也蓋伐紂固爲救民而微箕之賢不以爲君乃翦

商自王其心宜有不服然不以爭於前而叛於後所以

不能無罪

張母　張善勳　耆舊

○○奉金像夢傳大洞　○○跨木羊獨上綏山
時仲春丙夜天文煥爛張翼二宿招然在上隱者適符其
姓張宿恍而降焉是夕張母夢吞珠粒而有娠朞年誕一
子紫面露睛隆準方額童時惟尋衣履自習禮文廹長名
善勳善勳吳距周京甚遠文物無稱偶有耆舊諳隱者口誦唐
虞大訓善勳就習之隨口記授無遺自此鄉人願學者皆
以爲師善勳居事畝澮忽於鉏下得一金像重鈞餘詢之
故老或曰元始天尊也昔禹理水冶金爲神物用鎮方嶽
善勳家雖廹於衣食不敢起銋鏴之心一日海風翻波遠
近奔駭非人力可支善勳捨金像擲高投狂瀾中俄而風

二仲氏

上潮同邑人以爲德皆以粮糧布帛見謝拒之不能家道得温温然蹤跡揆像仍在沙磧中歸築宮室安奉母氏六旬少積勤苦哀暮成疽發於背醫覡皆不効善勲計窮乃爲吮咀大出膿血如綿纊米粒疽雖漸安復成癰瘵醫曰此癎疾以人補人眞補其眞庶可平復善勲夜中自刲股肉烹供之忽空中語曰上帝以汝純孝爾母延壽二紀昰日勿藥健强每以未見孫息爲恨善勲逾冠未受室亦有不孝之憂一夕夢至林麓巍堂中坐一靚妝女子頷而語曰君非張善勲乎訝問其由女曰妾乃隣家仲氏女曩者叔父議以妾歸君吾父以君貌異寢而難之妾心慕君得

一名儀堅成

又張淵石

疾死已三年君曷爲我圖之尋勳悸而寤月餘再夢如初
因與友人儀堅成縱步尋幽至一所宛夢中境也巡塚中
一人呼郎而出蓋夢見者也堅成覩是甥女驚告其父母
迎歸爲婚姻鄉中舊俗女嫁而未孕者相與臨神潭摸得
石者宜男得瓦宜女姑命仲氏遊而求之仲得石如雞卵
六出如龜鼈狀青而白紋隱隱有淵字歸而有妊既生名曰
淵石方齠齔仲忽謂夫曰此兒眞似君善視之妻與君世
緣盡矣語畢而亡善勳不復再娶年三十六歲在作噩疫
毒流行父年八十五母年七十三盛暑中得疾同月而逝
善勳自持畚鍤營葬於墓傍倚廬枕塊常有二白雉棲於

樹每祭則飛鳴而下終制不見葬五年墓西洪水暴發欲改卜無冬乃齋戒守墳日夜誦大洞經并嚴事金像墓前溪谷變成壁塢善勳每恨瘟瘴之酷力不能報誦經敬像益勤冀獲陰佑以治瘟鬼又三年金像夢語曰大洞仙經爾熟記矣大洞法籙爾未見也今當授汝可佐天行治也袖出二書授之既覺書在枕前因開籙讀至天騶甲卒一萬人度之句忽風雷晝暝金甲朱纓者無數列前請命善

○五鬼使

勳令治疫鬼一持紅旌者領百餘人去頃訖五鬼使至有蒙虎皮者冠雄雞冠者貌若犬者若烏鴉者若驢馬者所執水火羽翣斧鑿之具善勳怒叱之將滅其形五使有辭

曰、弟子等歲運所生、歲氣所成、所遊有方、所病有人、陰譴至者、受其災、天命絕者至於死、非弟子等敢私、若真官賜以寬貸、此後願聽約束、見真官符籙所在、即不敢行災矣、善勲因授以教勑而去、閭里有疢疾者、與之符法、遠近得以全活者極多、然有內因外因之感、此非法籙所能及者、於是講究脉理、詳味藥性、討論五行之勝復、習熟五鍼之迎隨、勤苦六年、始造其妙、凡命未絕者、無横夭矣、或聞於國君、方以疑劑為事、未幾又為京周所知、驛召至都、歷試之以為醫師、掌萬民之疾苦、隸於天官、遂教戒徒屬使勸其業、有瘍醫公孫智叔、賦性慈慧、而記問詳博、武王髭鬚有疽生一夕潰決厥勢危殆智叔以藥數之應手而瘥善勳因舉以兼已職主以爲所薦得人宜膺上賞遷爲司諫善勳三辭而後受之當成王幼冲聽政於周公善勳恐左右間言每以君臣始終禍福幾微爲戒而諫章屢焚人無見知故公之東征雖有四國流言啓公不悅之隙而終能保全善勳已在周十年倦翼思還乞骸之請數上始從其欲張有數族貧窶歸而興起義莊命淵石主之爲之教養婚嫁醫藥周給他族聞風相效善勳道逢一人且行且歌其意以方便爲門寂成爲樂善勳即於通衢百拜力懇其格言行歌子仰天而歎指以心卽正訣曰此西方聖人古皇

古皇先生

先生歸寂法也能念而習之可度生死死而不忘證無量
壽善勳既受教百慮頓灰是秋會集親友留頌而逝頌曰
秋風瑟瑟○秋月白白○得吾之真○知身是客○
既遷化將往西乾適至洞庭君山愛其境勝少留憩焉有
二青童自天而下敕宣帝旨命爲君山主宰兼洞庭水治
善勳忻樂何極仙游勝侶朝夕往還不聞塵境之勞云爾
夏府之世金幣有三品或黃或白或赤或錢或布或刀或
龜貝至是太公乃立九府圜法周官有太府王府內府外府泉府天府職內職幣職金皆掌財帛之官圜者謂輕而通也鑄金錯書爲錢銘錢圜而函方輕重以銖布帛
廣二尺二寸爲幅長四丈爲匹故貨寶於金利於刀流於

泉布於布東於帛也太公年已一百有四歲明年乙巳告辭歸國潛往別老子至齊聞有華士者義不臣天子不友諸侯太公召之三不至命誅之周公聞而問曰此齊之賢士奈何誅之太公曰是棄民也是逆命也旌之為教一國效之誰與為治乎由是齊無惰民終為强國太公深居內宮不食火物惟服澤芝地衣石髓日伴桂父閑談丁未秋桂父聞象林多桂欲往一遊太公曰子不可先我而往我將歸山復命也九月太公無疾坐逝年百有七歲殯殮入棺蓋甫合舉之輕若無物齊侯驚懼啓視已無屍矣惟平日所註玉鈐六篇在焉尋桂父問之亦不知何往遣人令

匡俗
匡續

周告亡王命畢公代予祭以太牢令葬空棺於牧野以誌軍功（汲郡西北有太公空棺墓晉盧無忌碑記）又以衣冠葬於畢以親文武齊倏更築一墓於營丘祭祀桂父離齊望西南行路遇清雅好潔之家即去借宿渡長江至一山日已沉西溪邊見一茅舍權扉寂靜地無片葉輕敲其扉早有應聲曰真人來（隱士門庭）矣啟而出其人道服芒鞋揖入草堂遜坐室中惟置一榻簡書數篇問桂父何來答從西都由營丘至南將到象林一遊何事而認予爲眞人道者曰家世荆南本夏禹之裔匡姓兄弟七人皆好道術愛此山靈勝家兄匡俗字子希與弟五人結廬山之東南予匡續字君平兒時便有物外

元第七人

劉越

之志周武王屢加徵聘我終不出結茅冷山之南障虎溪之上一日有少年過我講論内丹外丹黃芽紫車數來相訪言論奇偉必異之請問鄉邦姓字因曰姓劉名越家在前山之左敢邀一顧如至山下有石高二丈許叩之即應如約至山四無人家果有大石峙立試叩之石忽自闢如雙扉一小鬟出迎行數十步石户洞開復有二青衣執絳節前導入内見臺榭參差金碧交映禽獸珍奇草木殊異瓊宮玉宇中有一眞人冠玉冠組朱綬佩劍來迎即前少年也接見甚懽飲我以玉酒三爵肴饌極其精潔使令皆童年男女知非凡境意欲留居眞人曰子之陰功易滿後

會可期他日相從不晚也更令青衣進延齡保命湯一甌而出返顧所扣之石閉合如初明日復往扣之無所應矣靈山太平興國寺山門外即石建亭名曰仙石上有劉仙二字後覺精神倍勝終日靜俟其再至故閭叩門而誤認也桂父曰坐而待至終無可見之期原謂子陰功易滿盍雲遊訪尋利人濟物爲入道之階却在屋裡痴待匡生攢眉曰天下茫茫不知誰爲有道先生歷世必久乞爲指教桂父曰真靈雖多常有當面錯過傳聞鎬京丰伯陽道學淵深人莫能測文王時爲守藏史武王遷爲柱下史今仍居此職子如往求必有所得俗大喜具酒蔬留宿於堂明日桂父別去至桂林其地多象多桂之

大是

不少

挽合妙

山玉并竹參森列無際桂父居其中常食桂葉時黑而時白時黃而時赤或老或少或壯或羸無有定顏坐大象至市以桂及葵和以龜腦每千九用桂十觔遇沉痾惡症施與食之立起自亦日為服餌南海人知其神皆尊事之一日與鄉曲作別飄然入雲荆州之南尚傳有桂九之方匡續自聞桂父之言即行至西都時伯陽見鳳鳥來集四海昇平雲遊方外矣史館有孫種代職續訪不值意欲四遠尋問恐萍蹤無定逗留西都伺候己酉秋夜有二鳳凰翔集內庭王以為瑞招周召共觀王援琴而歌曰

鳳凰翔兮于紫庭余何德兮以頻覃賴先王兮恩澤臻

君陳　周公仲桓　祭公季熏

于胥樂兮民以寧

明旦雙鳳去召公以盛滿爲戒周公治洛七年有疾温卑載至豐拜別大廟王至卧榻親爲撫摩肴背公握手語以國務王設牲醴告廟爲公祈壽越數日公曰聞君陳孝友克施有政可尹兹東郊周公薨年八十五歲諡文公王爲服齊衰命葬於畢明不敢臣賜魯以禘祭留其次子仲桓襲爲公以少子季熏食邑於祭河南故祭地世爲卿士戊午王命君陳分正成周癸酉王不懌宣諸侯卿士受顧命輔相元子釗王崩在位三十七年年五十太保奭命周公仲桓南宮毛子适長及齊侯伋迎衛太子釗引入寢傍翼室爲居憂主葬王於畢奉太子朝

康王　姜容　劉涓子　浮來翁　於如華士之誅奈何　燕伯懿　姬德

廟上承介圭天子守圭長尺有二寸是為康王以甲戌為元年作誥以申
文武之德諸侯率服二年王以齊侯勤職留其少子容為
虎賁氏食采於甫田齊有劉涓子者御龍氏之後知足不
妄求偵浮來翁養雞山中涓子取葛草為繩供為康座翁
教以道術復騁雞南去涓子靜自修持餌术服氣齊侯知
其賢招之不至親詣山登請涓謝曰吾聞守三一為地眞
守洞房為眞人守玄丹官太微不願向人間求祿也齊侯
三歎而退癸未十年成周君陳卒民懷其德王命畢公保
釐東郊能繼前政休烈己丑召公有疾燕伯懿至半途公
已薨王命喪禮如周公葬於畢公諱康以次子德世襲卿士

◎嵩曲

南國思召伯之德作甘棠之詩（河南有召伯城巡行時所築）東夷子國
常受海夷侵剝召公助築金山城以鎮海其懷遠濟弱如
此康王克遵洪業海內晏然民知禮義刑措不用有唐虞
之風焉柱下史老子自成王時辭職西遊路經雪山積石
步上西羌見一人獨自採樵峰崖巉峭難登老子佯作蹣
跚不能上樵者惻然動念謂曰憐汝衰老願負過危險遂（此念即應入道）（尤爲難得）
背負老子至中嶺體重難任其人強負力行累不憚勞老
子心感之過嶺憩石上問其名氏答曰世本羌人姓葛名
由居前山深坳中樵以爲食老子曰蜀中綏山有桃四時
皆實至彼可不謀而食但綏山高峻非步履可登乃借樵

斧斫松枝斲成一木羊教葛由吸氣使行之法能乘入陟險不少蹉跌由大喜拜謝老子別之西行步履如飛（妙用）遇嶠嶇若平地絶無向時之狀由知爲真人恨失問姓名歸家謝別鄰里刻木羊數頭至市賣之皆以無用而不顧由探知綏山在峨眉西南一日忽騎木羊入城前驅數木羊蜀中富豪貴士見之大驚或有追隨至山下者見由上巔摘桃而啖隨之者仰望不能上號呼接引由擲桃數十枚爭拾食之味極甘美有不復還家者結茅於山下立葛祠以祀常有桃擲下食皆身輕亦能上山會晤有諺云

食綏山一桃雖不得仙亦足以豪

哈密 大秦 伊吾盧 竺乾 于闐 葱嶺 須剌 阿羅 單頓遜 扶南 土魯 古先生 大月氏 摩訶賴 罽賓 迦維羅 越舍衛 身毒國 剎利曰 淨梵王

老子西渡流沙歷羌番諸戎至哈密大秦伊吾盧地是謂西域有竺乾于闐葱嶺須剌阿羅單頓遜扶南土魯等國老子號古先生教化諸國仁義道德衆號曰古皇竺乾即名天竺地方三萬里其國曰迦維羅越舍衛王舍之城郭宮室皆雕文刻鏤在大月氏國東南摩訶賴國西北罽賓在其西一名身毒國其王姓剎利名曰白淨梵王與后摩耶氏淨妙夫人敬天好善不喜爭殺老子居十三年察其君民好善若得貞固將欲大說法化之國王年三十五無子哀求不得善心少懈古先生恐失真道乃遍體放霞光百丈眩動國中使其覺悟遂復歸東土其時已康王十八年入

麋耶氏淨妙夫人

西都史館。有道則現。無道則隱。

匡氏兄弟爲神禹之後。自有根源。故劉越訪之於前。桂父偩之於後。援引至老君門下。得傳眞道。而南障草廬風景。令我想象不忘。

葛由一念哀矜。負重跋險。絕無悔心。是眞實好善者。故得獨飽綏山之桃。

仙史曰。太年震龍乘也。得此始可就道。入蜀以配綏山之桃。綏豈漫名。桃非常品。原之原之。與後肆中青年同義。蓋老子重宣之耳。